말하기 쉬운 한국어

2

Elementary

말하기 쉬운 한국어 ②

1판 1쇄 발행 2005년 12월 20일
1판 10쇄 발행 2015년 10월 30일

지은이 성균어학원 한국어교재 편찬위원회
펴낸이 정규상
펴낸곳 성균관대학교 출판부

등록 1975년 5월 21일 제 1975-9호
주소 110-745 서울특별시 종로구 성균관로 25-2
대표전화 (02) 760-1252~4 팩시밀리 (02) 762-7452
Homepage http://press.skku.edu

값 11,000원

ISBN 978-89-7986-626-1 14710
     978-89-7986-624-7 (전12권 세트)

＊잘못된 책은 구입한 곳에서 교환해 드립니다.

2

Elementary

성균어학원 한국어교재 편찬위원회 | 성균관대학교 출판부

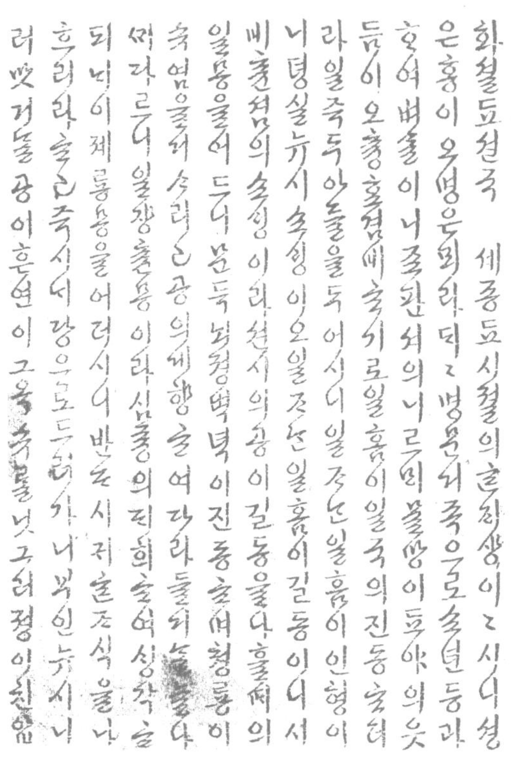

홍길동젼 권지단

화셜 됴션국 세종됴 시졀의 훈 지상이 이시니 셩
은 홍이오 명은 뫼라 ᄃᆡ 병됴리 죽으로 쇼년 등과
ᄒᆞ여 벼ᄉᆞᆯ이 니조판셔의 니ᄅᆞ믹 물망이 됴야 의 웃
듬이 오 츙효겸비ᄒᆞ기로 일홈이 일국의 진동ᄒᆞ더
라 일죽 두 아ᄃᆞᆯ을 두 어시니 일 ᄌᆞᆫ 일홈이 인형이
니 뎡실 뉴시 쇼[illegible]이오 일ᄌᆞᆫ 일홈이 길동이니 셔
ᄇᆡ 츈셤의 소ᄉᆡᆼ이라 션시의 공이 길동을 나흐ᄆᆡ 의
일몽을 어 드니 믄득 뇌졍벽녁이 진동ᄒᆞ며 쳥뇽이
슉엄을어서 수ᄅᆞᆫ 공의 ᄃᆡᄒᆡᆼ ᄒᆞ여 다라들어 노ᄒᆞᆯ다
ᄯᅥ라ᄅᆞ니 일쟝 츈몽이라 심중의 ᄃᆡᄒᆡ ᄒᆞ여 싱각ᄒᆞᆯ
되니 이 졔 룡동을 어러시니 반ᄃᆞ시 지훈 ᄌᆞ식을 나
흐리라 슐리 죽시ᄃᆞ 당으로 드ᅌᆞ가 니ᄇᆞ인누시니
러ᄯᅵ 거ᄃᆞᆯ 공이 훈연이 그웃 수ᄇᆞᆯ 넛 그러 졍 이원ᄒᆞᆷ

허균(1569~1618)의 소설 「홍길동전」의 첫머리

　최근 10여 년 이래 많은 관심과 주목을 받고 있는 한국어 교육은 '세계화'라는 큰 흐름에 일조하면서 괄목할 만한 양적·질적 성장을 가져왔다. 이에 본 성균어학원도 이러한 사회적 분위기에 발맞추어 끊임없는 자기 개발과 변화를 꾀하며 성장을 거듭하고 있다. 그러나 지금의 한국어 교육에 대한 관심을 지속적으로 발전시키기 위해서는 여러 분야의 많은 관심과 노력도 필요하지만 근본적으로는 시류에 편승한 양적 확대에 머무르는 안이함을 버리고, 보다 다양해진 외국인 학습자의 교육적 요구와 학습 목적에 부합하는 교육을 하고자 노력해야 할 것이다.

　이에 본 어학원은 올바른 한국어 교육이 이루어지기 위해서는 한국어 학습자의 요구를 적절히 담아낸 교재의 개발과 이를 효과적으로 전달하고 교육할 교수 요원의 양성이 그 첫째라고 생각해 왔다. 학습자의 요구와 학습 목적에 맞추어 교재는 끊임없이 변화·발전해야 할 것이다. 예전과 달리 한국어 학습자의 수준이 다양화되었고, 개개의 학습 목표도 구체화되고 세분화된 만큼 학습자 각자의 개성과 요구에 교수 내용과 목표를 맞추는 적극적인 자세가 필요한 때다.

　본 어학원에서는 2004년 『배우기 쉬운 한국어』(전6권)의 개발에 이어 회화 중심의 교재인 『말하기 쉬운 한국어』 1, 2, 3권을 우선 개발하게 되었다. 본 교재는 12단계로 세분화한 12권의 텍스트와 각 권의 '듣기·말하기' 기능을 보조할 12장의 CD자료 중 두 번째 단계의 결과물이다. 본 교재의 특징은 회화와 활동 위주의 '학습자 중심 교수법'을 택했다는 것이다. 현재 언어 학습의 세계적 추세가 회화 학습을 중심으로 발화의 현장성과 실용성을 추구하는 추세임을 감안할 때, 이 교재는 학습자 상호 간의, 그리고 학습자와 교사 간의 활동 학습을 통해 '의사소통'을 충분히 할 수 있도록 했으며, 학습자의 학습 목표와 수준, 흥미 및 실용성 등을 반영한 교재라 할 수 있다.

　본 교재의 집필은 외국인 학습자를 다년간 강의하여 한국어 교육 경험이 풍부한 현 성균어학원 교사들이 중심이 되었다. 집필자 개개인은 국어학이나 국문학을 전공하여 전문성을 확보하고 외국 유수 대학에서 다년간의 한국어 교육 경험을 갖고 계신 분들이고, 한국어 교재 개발에 대한 경험자가 그 중심이 되었기에 신뢰를 더한다고 하겠다.

　끝으로 이 교재가 나오기까지 행정적 지원을 아낌없이 해 주신 성균어학원 조승현 실장과 조용우 선생, 그리고 성균관대학교 출판부 여러분의 노고에 다시금 감사의 말씀을 전한다.

　더불어 외국인에게 한국어를 올바로 가르치기 위한 교수 요원과 교재의 필요성이 날로 증가하는 요즘, 이 교재가 학습자의 한국어 능력 향상에 실질적인 도움이 되기를 진심으로 바라는 바다.

2005년 8월

성균어학원장 강 용 순

일러두기

　본 교재는 한국어를 학습하는 외국인에게 보다 효율적으로 '말하기'와 '듣기'를 교육하기 위하여 집필한 회화(會話) 중심의 교재 12권 중 제2권이다. 교재 집필은 처음 한국어를 학습하는 학습자가 접할 수 있는 상황을 고려하여 현장성을 높였으며, 각 발화 현장에서 나타날 수 있는 기초적인 대화를 학습자 스스로 구성할 수 있도록 상황 중심의 유도 학습을 구성 원리로 삼았다. 또한 회화 교재의 중심 내용인 듣기와 말하기, 그리고 발음에 역점을 두어 교재를 통한 반복과 학습자 간의 반복, 보조 자료를 통한 반복 등 다양한 참여와 흥미 유발을 돕고 있다.

　본 교재 제2권은 10개의 단원으로 이루어져 있으며, 각 단원은 2개의 단위로 이루어져 총 50시간의 강의를 염두에 두고 구성하였다. 각 단원은 〈도입〉, 〈제1대화〉, 〈발음 연습〉, 〈활동1〉, 〈제2대화〉, 〈듣기 연습〉, 〈활동2〉로 구성되어 있다.

　〈도입〉은 해당 단원에서 학습할 상황과 주제를 학습자 스스로 생각해 내고, 준비하게 하는 역할을 한다. 그러므로 〈도입〉은 학습하고 구성할 대화가 어떠한 상황에서 발화되며 필요한 것인지를 예비하게 하는 기능을 한다.

　〈제1대화〉는 대화 구성에 필요한 단어와 표현을 상황 제시와 그림 등을 통하여 알려주고 학습자가 스스로 적절한 대화를 자유롭게 만들어 가도록 하는 부분이다. 또한 현장에서 발화될 수 있는 대화를 후반에 제시함으로써, 학습자의 선행 활동 이후에 제시된 대화로 점검하고 확인하는 부분이다.

　〈발음 연습〉은 언어 학습에 가장 기본이며 핵심인 발음과 듣기, 말하기를 반복하여 학습하는 부분으로 각 단계에서 반드시 학습해야 할 음운 현상과 발음 등을 듣고 따라하거나 써 봄으로써 그 근본 원리를 이해하는 부분이다. 본 교재에서는 대화 내용 중 학습자가 반드시 알아야 할 부분을 중심으로 연습할 수 있게 하였다.

　〈활동1〉은 〈제1대화〉를 통하여 학습한 내용을 반복과 응용을 통하여 익히고 확인하는 과정이다. 더불어 〈활동〉에서는 학습자 상호 간이나 교사와 학습자 간의 주제에 따른 자유로운 대화가 발현되도록 하여 학습의 효과를 배가하고 학습자의 상황에 따른 실용성을 높이도록 하였다.

　〈제2대화〉는 해당 단원의 주제를 심화시키거나 응용하여, 새로운 대화가 가능한 상황을 제시함으로써 보다 차원 높은 대화를 유도한다. 또한 〈제2대화〉에서는 학습자가 구성하는 대화 중에 일상적 표현을 삽입하여 보다 자연스러운 문형을 만들어 내도록 유도하였다.

〈듣기 연습〉은 본문 주제와 관련된 여러 가지 상황을 제시하여 듣도록 하였으며 본문에서 배운 표현이나 단어를 다시 한 번 확인하고 학습하도록 하였다. 또한 자연스러운 대화를 통해 듣기 능력을 향상하도록 구성하였다.

각 듣기 연습에는 CD 트랙 번호가 씌어 있어 학습자가 편리하게 CD를 이용할 수 있도록 하였다.

〈활동2〉도 〈활동1〉과 마찬가지로 〈제2대화〉를 통하여 학습한 내용을 반복과 응용을 통해 익히고 확인하는 과정이다. 단원에 따라 2개 이상의 〈활동〉이 제시되어 보다 다양한 상황에서 학습자가 대화 내용을 연습하고 이해하여 학습 내용을 확인하고 평가하도록 하였다.

이러한 구성 이외에 교재의 후반부에 〈듣기 문제 지문과 답〉을 별첨하여 학습자에게 도움이 되고자 하였다.

〈본문의 영어 번역〉은 교재의 내용 중 〈제1대화〉와 〈제2대화〉를 영어로 완전히 번역하여 학습자의 본문 이해 정도를 높이고 혼자서도 학습할 수 있도록 하였다.

교재 구성

단원 제목	기능	문법과 표현	발음 연습	듣기 연습	활동
1 전화	- 전화하기와 전화받기 - 전화로 메모 남기기	- 전화할 때 쓰는 표현 - 주체높임의 '-시-'와 어휘적 높임말 - '-는데요/-은데요'	- 대표음+격음화 (잘못했어요)	- 전화 내용 듣고 내용 이해하기 - 음성 메시지 듣고 내용 알기	- 잘못 건 전화 정중하게 끊기 - 음성 메시지 남기기
2 전달	- 전달하는 표현 말하기 - 다른 사람과 비교하여 말하기	- 에게, 에게서/한테, 한테서' - 연결의 '-는데'	- 'ㄷ' 불규칙	- 가족 상황 듣고 내용 알기	- 물건 주고받은 후 위치 변화 말하기 - 반 친구들의 취미 알아보고 비교하기
3 주문	- 식당에 음식 주문하기 - 전화로 주문하기	- 청유의 '-을까요' - 청유의 '-읍시다' - 이유의 '-니까' - 명령의 '-세요'	- 연음화+경음화 (먹읍시다)	- 식당에서의 대화 듣고 내용 알기	- 반 모임의 약속 장소, 메뉴 정하기 - 식당에서 먹은 음식 값 계산하기
4 교통 수단	- 길 묻고 찾아가기 - 교통수단 알아보기	- 수단, 도구의 '으로/로' - '-어야 해요' - 지하철, 기차 관련 표현	- 대표음+격음화 ([ㄷ+ㅎ])	- 여행지에 대한 대화 듣고 내용 알기	- 기차 시간표, 가격표 보고 이야기하기 - 세계 지도와 비행기 할인표 보고 이야기하기
5 약속	- 계획 묻고 약속 정하기 - 의도 말하기 - 가정하여 말하기	- '-ㄹ게요' - '-러 가다/오다'	- 대표음+경음화 (없어요)	- 친구와의 대화 듣고 내용 알기	- 나의 계획표와 친구의 계획표를 만들고 약속 정하기 - 살 물건과 갈 장소 이야기하기

단원 제목	기능	문법과 표현	발음 연습	듣기 연습	활동
6 계획	- 미래의 계획 말하기 - 순차적으로 진행되는 일 말하기	- '-ㄹ 거예요' - 순차의 '-어서' - '-면 되다'	- 자음동화 (ㄹ+ㄴ)	- 여행 계획 듣고 내용 알기	- 여행 계획과 준비물 말하기 - 5년 후의 계획 쓰고 말하기 - 한국에서 여행하고 싶은 곳 말하기
7 부탁	- 부탁 말하기 - 물건 주문하여 배달 시키기	- '-아/어 주다' - '-지만' - '-려고 하다'	- 격음화 (ㄱ+ㅎ)	- 서점, 상점에서의 대화 듣고 내용 알기	- 그림을 보고 부탁해 보기 - 가전제품, 가구 광고 보고 상품 주문하기
8 규칙	- 한국 문화 알아보기 - 금지하는 행동 알기	- '-지 마세요' - 준말 (가르쳐, 줘서)	- 자음동화 (ㄷ+ㄴ)	- 하숙집에서 규칙 듣고 내용 알기	- 하숙집 규칙 만들기 - 버리지 말아야 할 물건과 이유 말하기
9 차이	- 차이 나는 대상 비교하여 말하기 - 할 수 없는 상황 말하기	- 비교의 '보다' - 부정의 '안', '못'	- 자음동화 (ㄴ+ㄹ)	- 마시는 것과 안 마시는 것, 못 마시는 것을 듣고 내용 알기	- 세계 지도 보고 인구, 기온 비교하기 - 지폐 그림 보고 할 수 있는 일과 못하는 일 말하기
10 취향	- 좋아하는 사람에 대해 말하기 - 좋아하는 영화에 대해 말하기	- '어떤, 무슨' - 사람의 성격과 외모에 대한 표현 - 영화 종류에 대한 표현	- 대표음+자음동화 (재미있는)	- 외모에 대한 설명 듣고 사람 찾아보기	- 파티 장면을 보면서 사람 모습 설명하고 알아맞히기 - 우리 반 친구들에 대해 조사하여 최고 찾기

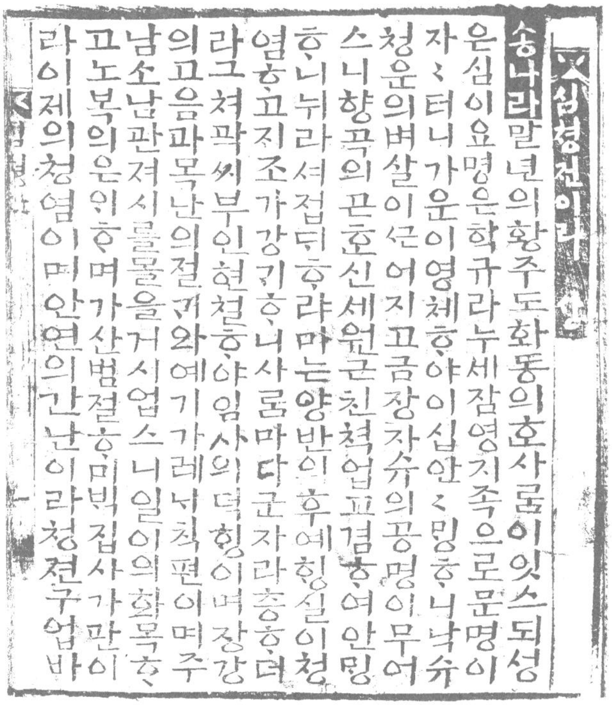

송나라말년의황주도화동의호사롬이잇스되셩
은심이요명은학규라누셰잠영지죡으로문명이
자자터니가운이영쳬ᄒᆞ야이십안ᄉ밍ᄒᆞ니낙슈이
쳥운의벼살이ᄭᅳᆫ어지고금장자슈의공명이무어
스니향곡의곤혼신셰원군친쳑업ᄭᅵᆷᄒᆞ여안밍
ᄒᆞ니뉘라셔졉뒤ᄒᆞ랴마ᄂᆞᆫ양반의후예ᄒᆡᆼ실이쳥
염ᄒᆞ고지조가강기ᄒᆞ니사롬마다군자라ᄒᆞᆼ며
라그쳐곽씨부인현쳘ᄒᆞ야임사의덕ᄒᆡᆼ이며장강
의고음과목난의졀거와예기가레늬ᄌᆞᆨ편이며주
남소난판겨시ᄆᆞᆯ을거시업스니일이의화목ᄒᆞ
고노복의은위ᄒᆞ며가산범졀ᄒᆞ미빅집사가판이
라이졔의쳥염이며안연의간난이라쳥쳔구업바이

한국 고대 소설 『심청전』의 첫머리 (작자 연대 미상)

차 례
contents

한국 고대 소설 『춘향전』의 첫머리

전화

▷ 여기에 전화해서 어떤 말을 할까요? 그림과 맞는 전화번호를 연결해 보세요.

119
불이 났어요!

131
오늘 날씨가 어때요?

114
성균관대학교 전화번호가 몇 번이에요?

112
우리 집에 도둑이 들어왔어요.

▷ 아래 그림은 어떤 상황입니까? _____에 어울리는 말을 찾아 친구와 연습해 봅시다.

가: 여보세요?
나: 여보세요? 거기 김성민 씨 댁입니까?
가: 네, 그런데요.
나: 성민 씨 계십니까?
가: 네, __________ 성민 씨! 전화 받으세요.
성민: 네, ____________________

가: 여보세요?
나: 여보세요? 김성민 씨 바꿔 주세요.
가: 지금 안 계십니다.
나: 언제 와요?
가: 한 시간 후에 옵니다.
    누구세요?
나: 스티브입니다.

(1) 잠깐 외출했어요.　　　(2) 지금 통화 중입니다.　　　(3) 잠깐만 기다리세요.

(4) 누구세요?　　　(5) 잘못하셨습니다.　　　(6) 몇 번에 하셨습니까?

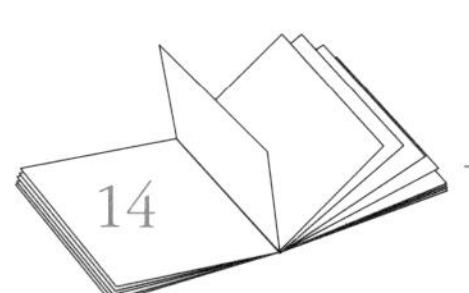

스티브 씨가 김수진 선생님 댁에 전화를 합니다.

사유리 여보세요?

스티브 여보세요? 김수진 선생님 댁입니까?

사유리 아닌데요. 몇 번에 하셨습니까?

스티브 760-1345 아닙니까?

사유리 잘못하셨습니다. 여기는 760-1435입니다.

스티브 죄송합니다.

 ## 잘 들어 보세요 CD1-2

1. 잘 듣고 따라해 보세요.

   1) 전화를 잘못하셨습니다.

   2) 제가 잘못했으니까 용서하세요.

   3) 가: 거기 760-1330입니까?

      나: 아니요, 잘못하셨습니다.

2. 잘 듣고 써 보세요.

   1) 거기 한국어 사무실입니까?

      나: 아니요, ___________________

   2) 가: 거기 식당이에요?

      나: 아니요, ___________________

1. 잘못하셨습니다
   [잘모타셛씀니다]

2. 잘못했어요
   [잘모 써요]

3. 잘못했으니까
   [잘모태쓰니까]

▷ 그림과 맞는 표현을 연결하세요.

전화를 하다

전화를 받다

전화를 끊다

전화가 오다

함께 이야기해 보세요

1. 전화를 했는데 잘못했어요. 전화를 잘못했을 때 어떻게 이야기해야 합니까?

(1) 763-1339
→ 764-1339

(2) 010-2634-0386
→ 010-2634-0387

(3) 가나다 여행사
→ 가나다 항공

(4) 학교 서점
→ 학교 안경점

2. 친구가 집에 없어요. 그런데 친구를 찾는 전화가 왔습니다.

　전화를 한 사람의 이름과 전화번호를 메모해 보세요.

사토루
스티브 씨가 집에 없습니다
학교 도서관에 갔습니다
오후 6시에 돌아옵니다
이름과 전화번호를 말씀해 주세요

김성민
스티브 씨 계세요?
스티브 씨가 언제 와요?
7시에 다시 전화하겠습니다

이름:

전화번호:

게이코 씨가 선생님께 전화를 합니다.

게이코 　여보세요? 박진수 선생님 계세요?
선생님 　네, 제가 박진수인데요.
게이코 　선생님! 저는 게이코입니다.
선생님 　그래요? 그런데 무슨 일로 전화했어요?
게이코 　네, 제가 내일 학교에 못 갑니다.
선생님 　왜 학교에 못 와요?
게이코 　어머니께서 한국에 오십니다.
선생님 　공항에 마중을 가요?
게이코 　네, 공항에 마중을 갑니다.
선생님 　알겠어요. 잘 다녀와요.

▷ 다음 표현을 사용하여 이야기해 보세요.

약속 장소	동생이	한국에 오다	여행을 가다
문화 수업	할머니께서	감기에 걸렸다	배웅을 가다
모임	친구가	일본에 가다	간호를 하다
생일 파티	아버지께서	다리를 다쳤다	파티를 하다
수업	룸메이트가	이사를 하다	도와 주다
	할아버지께서	한국에 오시다	마중을 가다

 # 잘 들어 보세요

1. 내용에 맞는 그림을 찾으세요. CD1-4

① 

② 

③ 

④ 

2. 잘 듣고 맞으면 ○, 틀리면 × 하세요. CD1-5

1) 야오밍은 선생님께 전화를 합니다. (　　)

2) 야오밍은 학교에 못 갑니다. (　　)

3) 어머니께서 한국에 오십니다. (　　)

3. 잘 듣고 질문에 답해 보세요. CD1-6

1) 지금 누가 전화합니까?

　　① 사유리　　　　② 메이　　　　③ 박 선생님　　　　④ 김성민

2) 이번 주말에 무엇을 합니까?

① 　　　② 　　　③ 

함께 이야기해 보세요

▷ 어머니와 동생을 친구에게 소개해 보세요.

<table>
<tr><td>

제 동생은

제 동생 이름은 박수민이에요.

나이는 14살이에요.

지금 중학교에 다녀요.

키가 크고 얼굴도 예뻐요.

제 동생은 음악을 좋아해요.

매일 노래를 들어요.

</td><td>

우리 어머니께서는

우리 어머니 성함은 이선희입니다.

연세는 48세예요.

키는 작으시지만 얼굴은 예쁘세요.

그리고 항상 친절하세요.

요리도 잘하세요.

어머니는 저희를 많이 사랑하세요.

</td></tr>
</table>

이름 — 성함	잘해요 — 잘하세요
나이 — 연세	좋아해요 — 좋아하세요
밥 — 진지	들어요 — 들으세요
먹어요 — 드세요/잡수세요	친절해요 — 친절하세요

제 동생은	우리 어머니께서는

 ## 함께 이야기해 보세요

1. 선생님께 전화해서 오늘 학교에 못 가는 이유를 말해 보세요.

> 1) **이유** 어머니께서 한국에 오시다
>
>   **시간** 오전 9시 30분에 도착하시다
>
>   **할 일** 인천 공항에 마중을 가다

> 2) **이유** 출입국 관리 사무소에 가다
>
>   **시간** 집에서 10시 40분에 출발하다
>
>   **할 일** 비자를 연장하다

2. 선생님이나 친구에게 음성 메시지를 남겨 보세요.

> 고객이 전화를 받지 않아 음성 사서함으로 연결됩니다.
>
> 삐 소리 후에는 통화료가 부과됩니다.
>
> 삐 소리가 나면 메시지를 남겨 주십시오.

음성 메시지

선생님!

잘 들어 보세요 CD1-7

▷ 잘 듣고 ✔해 보세요.

1. 사유리 씨는 무엇을 받았습니까?

①   ②   ③   ④

2. 누구에게서 받았습니까?

① 여자 친구   ② 어머니   ③ 남자 친구   ④ 선생님

3. 왜 받았습니까?

① 입학   ② 생일   ③ 졸업   ④ 밸런타인데이

2-1 친구한테서 들었어요

▷ 두 편으로 나누어서 게임을 하세요. 오늘 만날 장소와 시간을 귓속말로 말하고 마지막 사람은 그 장소를 써 보세요. 그리고 누구한테서 들었는지 말하세요.

(　　　　　　)에게서 들었어요.

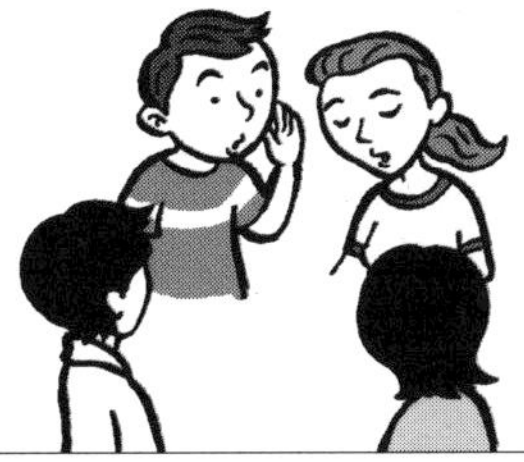

가팀
장소 : ________
시간 : ________

나팀
장소 : ________
시간 : ________

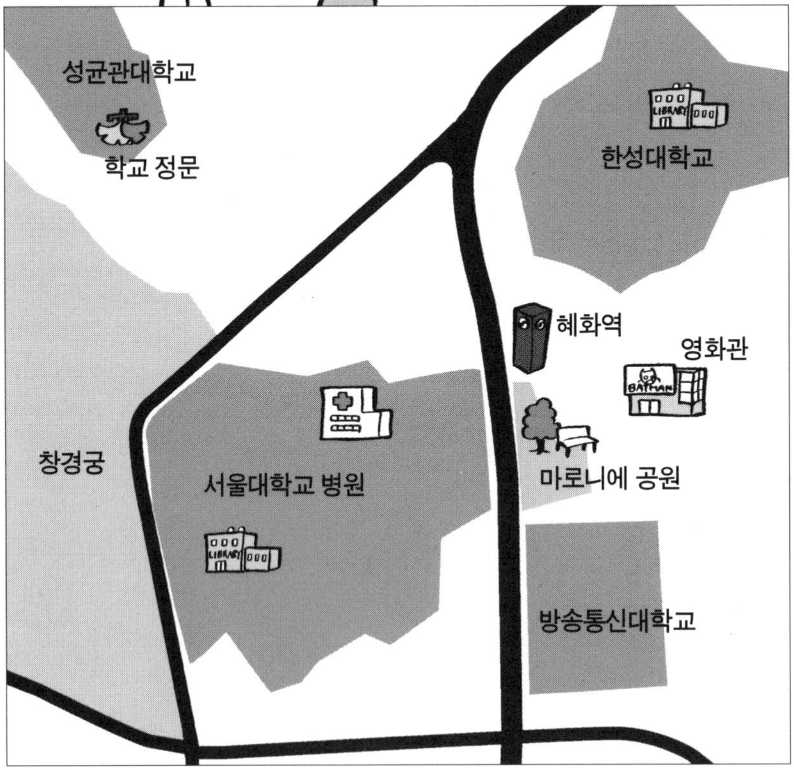

오전 (　　　) 시
오후 (　　　) 시
아침 (　　　) 시
저녁 (　　　) 시
밤 (　　　) 시

앞 ↔ 뒤
정문 ↔ 후문
안 ↔ 밖

김성민 씨와 사유리 씨가 이야기를 합니다.

사유리 성민 씨! 오후에 야오밍 씨 만나세요?

김성민 네, 누구한테서 들으셨어요?

사유리 스티브 씨한테서 들었어요.

김성민 사유리 씨도 같이 가세요.

사유리 어디에서 만나세요?

김성민 학교 정문에서 만나요.

 ## 잘 들어 보세요 CD1-9

1. 잘 듣고 따라해 보세요.

   1) 누구한테서 들으셨어요?

   2) 친구한테서 들었어요.

   3) 가: 전화번호를 누구한테 물었어요?

      나: 유리 씨한테 물었어요.

> 듣다 → 들어요, 들었어요
>
> 묻다 → 물어요, 물었어요
>
> 걷다 → 걸어요, 걸었어요

2. 잘 듣고 써 보세요.

   1) 가: 약속 장소를 누구에게 물었어요?

      나: 친구에게 ________________

   2) 가: 그곳에 어떻게 갔어요?

      나: __________ 갔어요.

 ## 함께 이야기해 보세요

▷ 다음 물건들을 하나씩 가지세요. 이 물건이 누구에게 필요할까요?

1. 누구에게 주었습니까?

성민   가수   사유리   운동선수   사진사

샐리   신부   왕훙   회사원

마이클   아가씨   메이

할머니   동생

오빠   친구

책   볼펜

양말   꽃

공   카메라

반지   목걸이   핸드폰

물   수건   넥타이

기타   안경   옷

케이크

우산   거울   우유

빗   운동화

2. 누구한테서 받았습니까?

2-2 동생은 키가 큰데 저는 작아요

▷ 나는 동생과 다릅니다. 그림을 보면서 동생과 나를 비교해 보세요.

성민 씨와 샐리 씨가 동생 이야기를 합니다.

김성민 샐리 씨! 동생 있어요?

샐리 네, 있어요. 남동생 한 명과 여동생 한 명이 있어요.

김성민 여동생은 샐리 씨와 닮았어요?

샐리 아니요, 동생은 키가 큰데 저는 작아요. 성민 씨도 동생이 있어요?

김성민 네, 저는 남동생만 있어요.

 ## 잘 들어 보세요 CD1-11

1. 크리스틴 씨와 사토루 씨의 대화입니다.

   1) 사토루 씨는 형제가 몇 명 있습니까?

   ① 3명   ② 2명   ③ 4명   ④ 1명

   2) 사토루 씨 형제를 찾으세요.

①    ② 

③    ④ 

2. 사토루 씨와 크리스틴 씨가 가족에 대해 이야기합니다.

   1) 사토루 씨는 누구를 닮았습니까?

   ① 아버지   ② 어머니   ③ 여동생

   2) 맞으면 ○, 틀리면 × 하십시오.

   ① 사토루 씨는 키가 커요. (   )

   ② 사토루 씨의 어머니는 키가 작으세요. (   )

   ③ 사토루 씨의 여동생은 키가 크고 얼굴이 예뻐요. (   )

 ## 함께 이야기해 보세요

1. 여러분은 무엇을 할 수 있어요? 친구는 무엇을 할 수 있어요?

   친구와 이야기해 보세요.

전혀 못해요 ― 잘 못해요 ― 조금 해요 ― 잘해요 ― 아주 잘해요

1　　　2　　　3　　　4　　　5

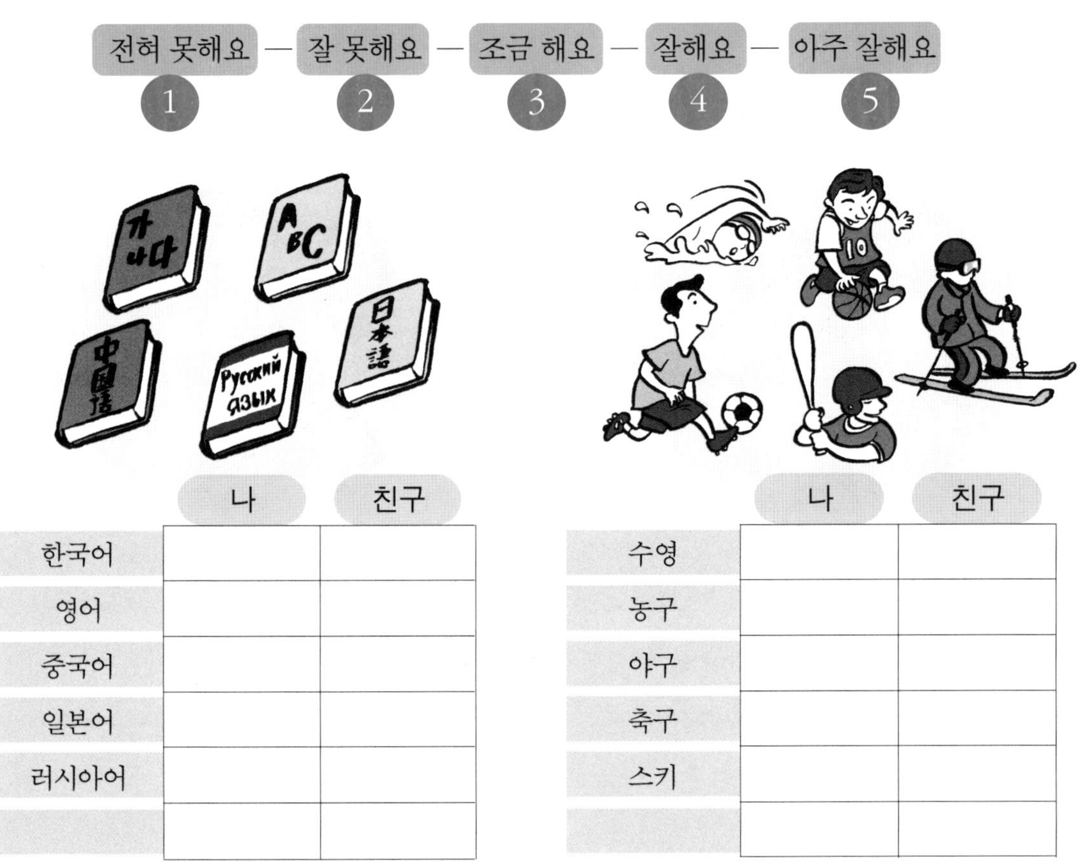

	나	친구
한국어		
영어		
중국어		
일본어		
러시아어		

	나	친구
수영		
농구		
야구		
축구		
스키		

저는 ______을 ______는데 ~씨는 ______________

3. 우리 반 학생들과 다른 반 학생들의 취미를 조사해 보세요.

~을/를 좋아하세요?

이름	독서	요리	운동	낚시	게임	춤 추기	노래 부르기	요리하기
스티브	○	×						
소라		○		×				
성민	×	×	○					
사토루	×				○		○	

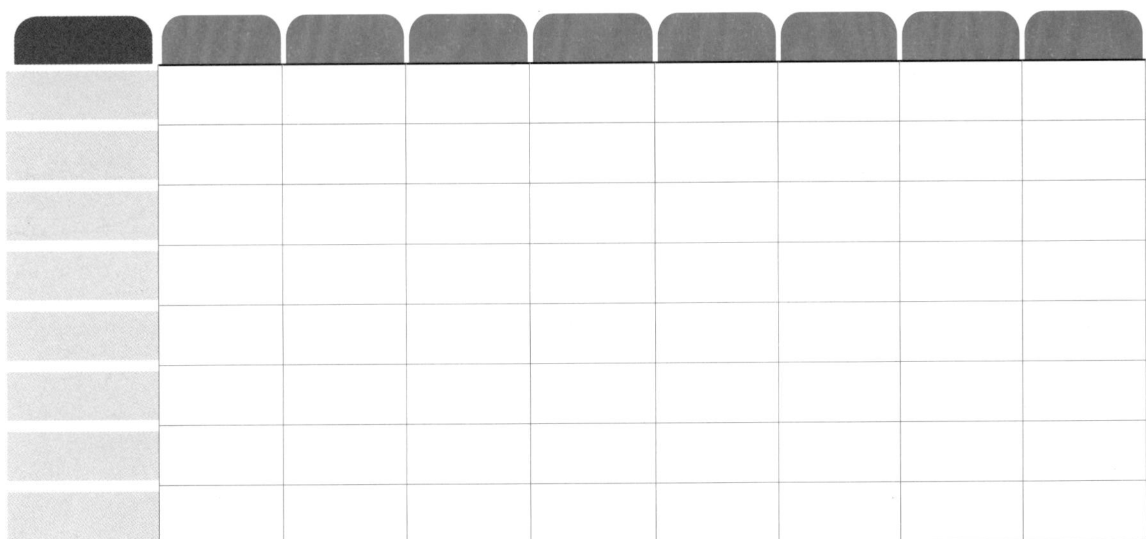

스티브 씨는 독서를 좋아하는데 사토루 씨는 독서를 좋아하지 않습니다.

성민 씨는 운동을 좋아하는데 소라 씨는 요리를 좋아합니다.

3 주문

▷ 알고 있는 음식이 있습니까? 음식의 이름을 말해 보세요.

아이스크림
케이크
떡볶이
된장찌개
피자
어묵
김밥
햄버거
비빔밥
치킨
우동
갈비

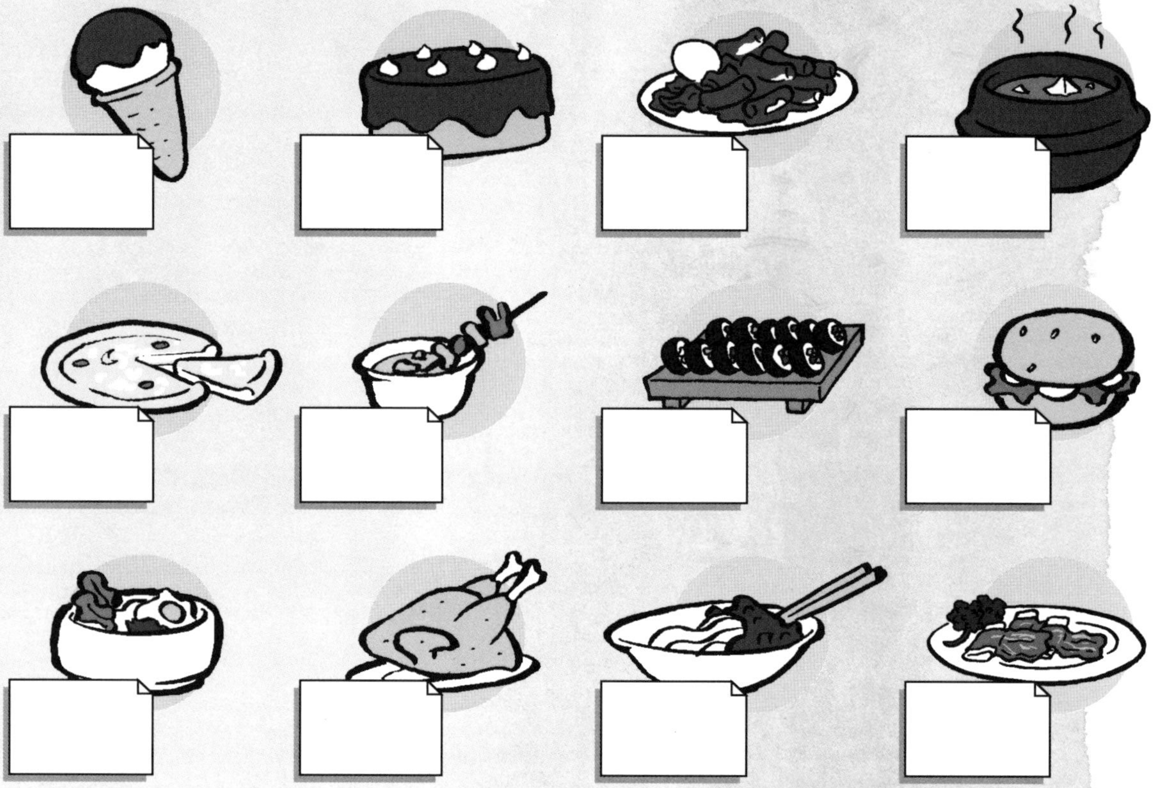

요리 종류

한식 Korean food
중식 Chinese food
일식 Japanese food
양식 Western food

맛의 표현

짜다 —

맵다 —

시다 —

쓰다 —

달다 —

싱겁다

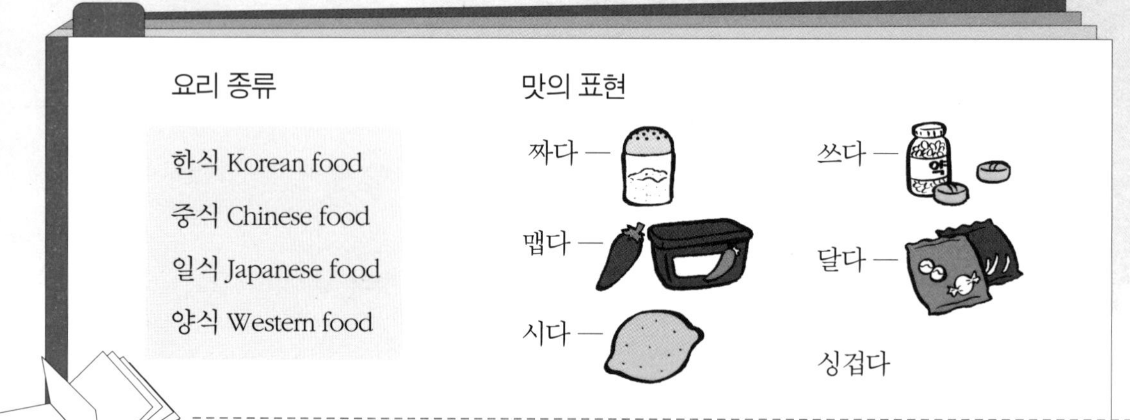

3-1 무엇을 먹을까요?

▷ 오늘 저녁은 무엇을 먹을까요? 그림을 보면서 친구와 이야기해 보세요.

메 뉴 판

〈고기류〉 1인분		〈식사류〉 1인분		〈음료〉 1병	
돼지갈비	14,000원	공기밥	1,000원	소주	3,000원
소갈비	15,000원	냉면	5,000원	맥주	3,500원
불고기	10,000원	설렁탕	5,000원	콜라	1,000원
삼겹살	8,000원	육개장	6,000원	사이다	1,000원

친구들과 저녁을 먹으러 식당에 왔습니다.

점원   어서 오세요. 여기에 앉으세요.
김성민   무엇을 먹을까요?
크리스틴 불고기를 먹을까요?
김성민   좋아요. 불고기를 먹읍시다.
          술은 무엇을 마실까요?
소라   소주를 마실까요?
크리스틴 아니요, 저는 소주를 못 마셔요.
김성민   그럼, 맥주를 마십시다.

잘 들어 보세요 CD1-13

1. 잘 듣고 따라해 보세요.

   1) 불고기를 먹읍시다.

   2) 같이 이야기합시다.

   3) 문을 닫읍시다.

   4) 가: 오전에 만날까요?

      나: 아니요, 오후에 만납시다.

먹읍시다: [머급씨다]

잡읍시다: [자븝씨다]

닫읍시다: [다듭씨다]

만납시다: [만납씨다]

마십시다: [마십씨다]

2. 잘 듣고 써 보세요.

   1) 가: 맥주를 마실까요?

      나: 좋아요. 맥주를 ________________

   2) 가: 주말에 산에 갈까요?

      나: 네, ________________

함께 이야기해 보세요

▷ 우리 반 학생들이 모입니다. 날짜, 시간, 메뉴, 장소를 정해 보세요.

1. 언제 만날까요?

2. 몇 시에 만날까요?

3. 무엇을 먹을까요?

자장면	초밥	불고기	피자
탕수육	회	갈비	스파게티
만두	우동	비빔밥	파스타

알립니다

우리 반 모임이 있습니다.

날 짜 ______________________________

시 간 ______________________________

장 소 ______________________________

회 비 ______________________________

3-2 배가 고프니까 빨리 주세요

CD1-14

야오밍 씨가 중국집에 전화로 음식을 주문합니다.

야오밍	여보세요? 거기 중국집입니까?
아주머니	네, 맞습니다.
야오밍	자장면을 시키려고 합니다.
아주머니	거기가 어디십니까?
야오밍	종로구 명륜동 76번지입니다.
아주머니	성대 후문 근처지요?
야오밍	네, 배가 고프니까 빨리 주세요.
아주머니	네, 알겠습니다.

▷ 식당―음식―이유를 연결하고 연습해 보세요.

식당	음식	이유
치킨집	된장찌개 3그릇	맛있다―반찬을 더 주다
성균식당	피자 1판	맵다―국물을 주다
피자집	떡볶이 2인분, 어묵 4개	싱겁다―소금을 주다
분식집	치킨 2마리	

 ## 잘 들어 보세요

잘 듣고 맞는 것에 ✔하세요. CD1-15

1) 무엇을 주문했습니까?

① 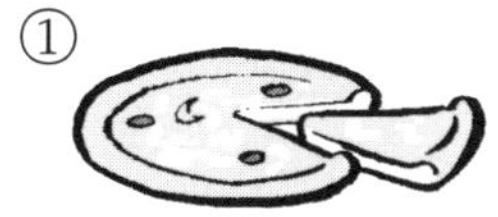　② 　③ 　④ 

2) 어디에서 먹습니까?

① 학교　　　② 식당　　　③ 집　　　④ 도서관

3) 주문한 음식입니다. 맞는 것에 ✔하세요.

① 　　② 

③ 　　④ 

함께 이야기해 보세요

1. 친구들과 무엇을 먹었습니까? 모두 얼마입니까? 그리고 한 사람이 얼마씩 낼까요?

성균식당

사업자번호: 109-38-790＊＊＊   대표: 김성균
주소: 서울시 종로구 명륜동 ＊＊＊번지
전화번호: 760-12＊＊ 전표번호: 42602-05＊＊
2005-04-26 오후 5: 58

종류	수량	값(원)
삼겹살	5인분	5×8000=40000
생갈비	2인분	2×15000=30000
공기밥	3개	3×1000=3000
맥주	6병	6×3500=21000
사이다	1병	1×1000=1000
냉면	2인분	5000×2=10000
총계		10만 5천 원

성균식당

사업자번호: 109-38-790＊＊＊   대표: 김성균
주소: 서울시 종로구 명륜동 ＊＊＊번지
전화번호: 760-12＊＊ 전표번호: 42602-05＊＊
2005-04-26 오후 5: 58

종류	수량	값(원)
총계		

(   ) 명이니까 (   ) 씩 냅시다.

+ 더하기	2+3=5	(이 더하기 삼은 오)
− 빼기	6−2=4	(육 빼기 이는 사)
× 곱하기	7×3=21	(칠 곱하기 삼은 이십일)
÷ 나누기	12÷4=3	(십이 나누기 사는 삼)

2. 자기 집 주변의 가게에 가서 음식 값이나 과일 값을 알아보세요.

가게 이름

| 순두부찌개 | 김치찌개 | 된장찌개 | 부대찌개 | 비빔밥 |

가게 이름

| 김밥 | 순대 | 떡볶이 | 어묵 | 튀김 |

가게 이름

| 사과 | 배 | 딸기 | 수박 | 귤 |

가게 이름

| 맥주 1병 | 오렌지주스 1병 | 아이스크림 1개 | 감자칩 1봉지 | 생수 1병 |

3. 학교 주변에서 가장 싼 집, 가장 맛있는 집이 어디입니까? 이야기해 보세요.

맛있다
값이 싸다   거기에 가다
이/가   친절하다   – (으)니까   거기에서 사다   – (으)ㅂ시다
깨끗하다   거기에서 먹다
물건이 많다

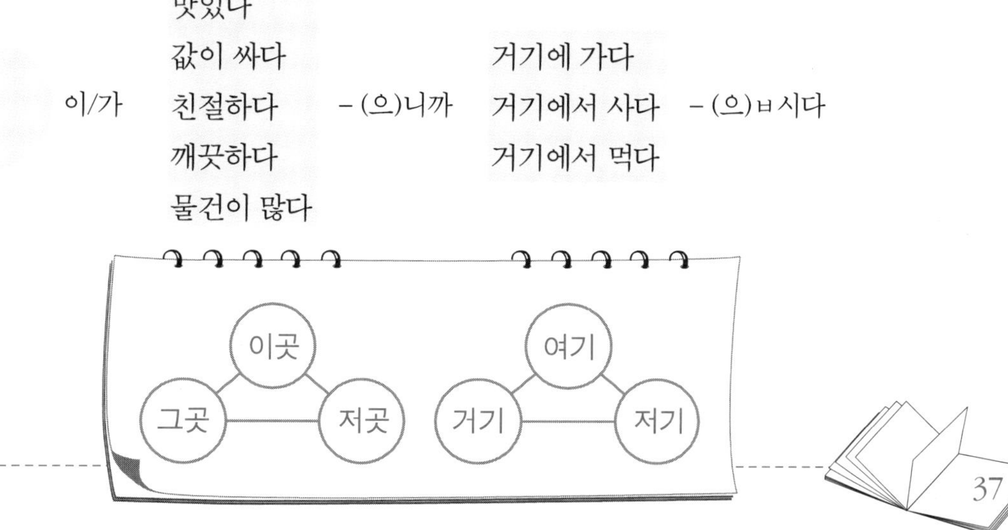

4 교통수단

▷ 그림을 보고 가는 방법을 연결하고 친구들과 이야기해 보세요.

학교

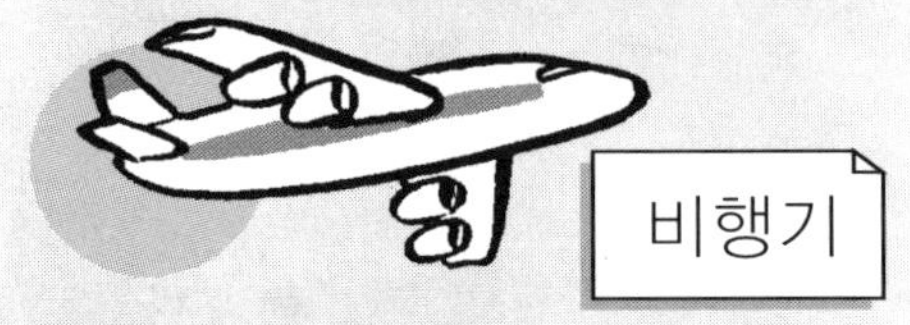
비행기

서울극장

버스

춘천

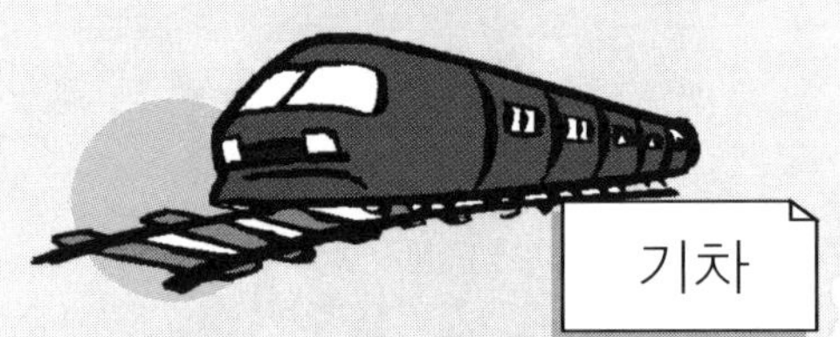
기차

제주도

자전거

미국

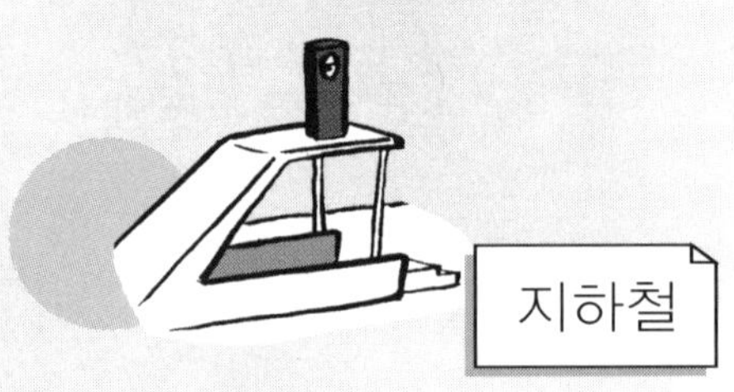
지하철

4-1 서울 시청에 어떻게 가요?

▷ 지하철 노선도를 보고 친구에게 가는 방법을 물어보세요. 지금 혜화역에 있어요.

　다음 장소를 어떻게 가야 할까요?

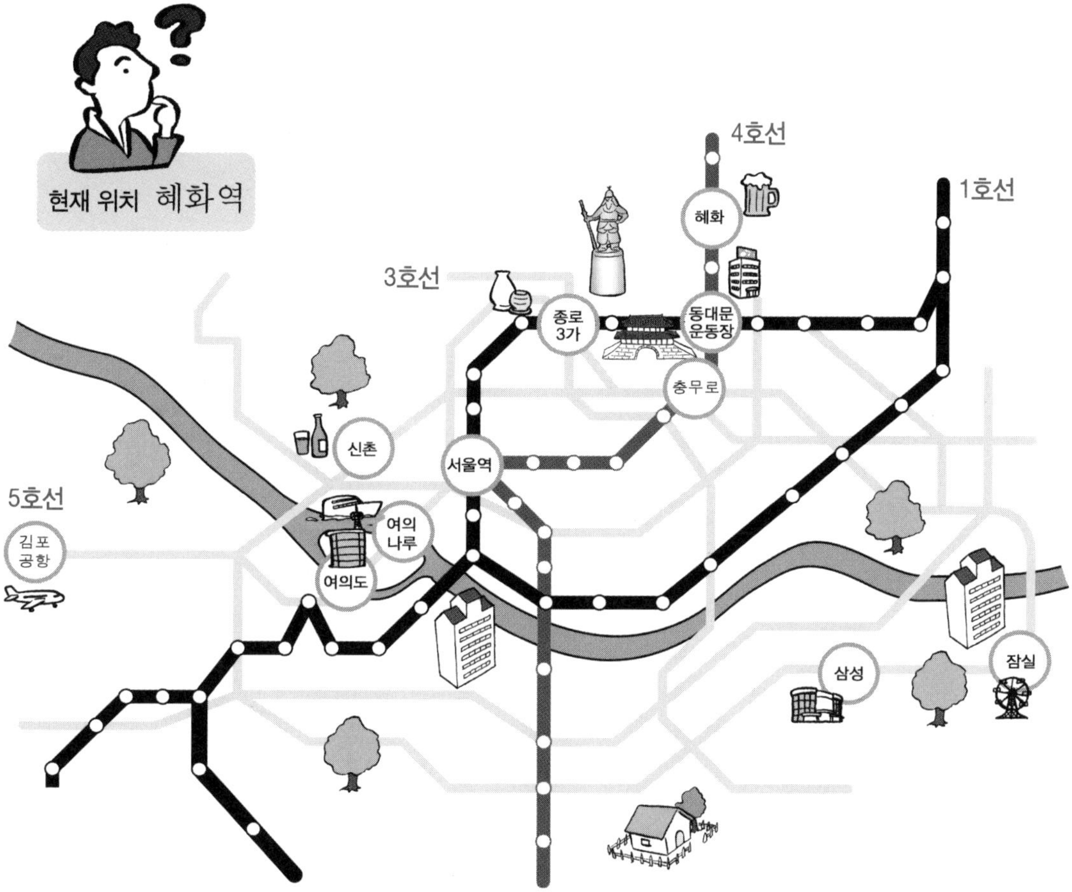

① **목적지** 신촌

　방법

② **목적지** 김포 공항

　방법

③ **목적지** 인사동

　방법

④ **목적지** 롯데월드

　방법

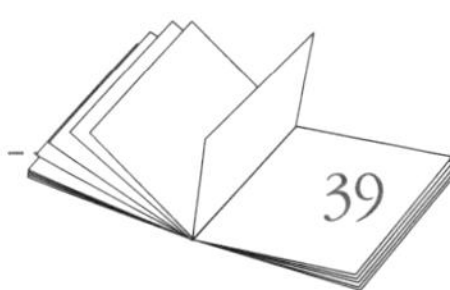

스티브 씨가 소라 씨에게 시청에 가는 방법을 묻습니다.

스티브　소라 씨, 서울 시청은 어떻게 가요?

이소라　서울 시청은 지하철로 가세요. 지하철이 빨라요.

스티브　지하철은 몇 호선을 타야 해요?

이소라　1호선을 타야 해요.

　　　　혜화역이 4호선역이니까 동대문역에서

　　　　갈아타야 해요.

스티브　버스는 몇 번을 타야 해요?

이소라　버스는 260번을 타야 해요.

　　　　버스는 갈아타지 않지만 시간이 많이 걸려요.

 ## 잘 들어 보세요 CD1-17

1. 잘 듣고 따라해 보세요.

　1) 몇 호선을 타야 합니까?

　2) 아파트 몇 호에 삽니까?

　3) 몇 해 전에 왔습니까?

　4) 가: 기숙사 몇 호에 살아요?

　　　나: 203호에 살아요.

ㄷ + ㅎ → [ㅌ]

몇 호 [멷 + 호] → [며토]

몇 해 [멷 + 해] → [며태]

못 해요 [몯 + 해요] → [모태요]

잘못해서 [잘몯해서] → [잘모태서]

2. 잘 듣고 써 보세요.

　1) 가: 신촌에 가고 싶은데 ＿＿＿＿ 타야 합니까?

　　　나: ＿＿＿＿ 타야 합니다.

　2) 가: 한국에 ＿＿＿＿ 전에 왔습니까?

　　　나: 2년 전에 왔습니다.

함께 이야기해 보세요

1. 기차를 타고 어디에 가고 싶어요? 시간이 얼마나 걸려요? 친구와 말해 보세요.

서울 — 대전, 대전 — 대구, 서울 — 대구

출발	도착	출발 시각	도착 시간	운임 요금
서울	대전	10 : 30	11 : 26	19,500
대전	대구	13 : 02	13 : 49	15,400
서울	대구	13 : 00	14 : 02	34,900
서울	부산	14 : 00	16 : 48	44,800

2. 기차표를 사야 해요. 다음 장소에 갈 때 얼마가 필요해요? 친구와 이야기해 보세요.

예) 서울 — 대전, ① 용산 — 동대구, ② 부산 — 광명, ③ 대전 — 부산

경부선 KTX 요금표 [단위 : 원]

출발 \ 도착	용산	광명	천안·아산	대전	동대구	밀양	구포	부산
서울	10,600	10,600	11,400	예) 19,700	34,900	39,700	43,500	45,000
용산		10,600	11,100	19,400	① 34,600	39,400	43,200	44,700
광명			10,600	17,300	32,800	37,700	41,500	② 42,900
천안·아산				10,600	23,500	28,300	32,100	33,600
대전					15,700	21,000	24,800	③ 26,200
동대구						10,600	10,600	12,200
밀양							10,600	10,600
구포								10,600
부산								

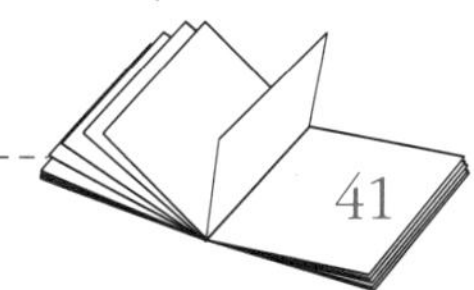

4-2 무엇을 준비해야 해요?

▷ 여행을 갈 때 무엇을 해야 해요? 친구와 이야기해 보세요.
그리고 학교에 갈 때 하는 일도 말해 보세요.

• 여행 가기 전에 하는 일

☐ 칫솔을 싸다　　　☐ 치약을 싸다
☐ 수건을 싸다　　　☐ 수영복을 싸다
☐ 비행기표를 예약하다　☐ 기차표를 사다
☐ 숙소를 정하다

• 학교에 가기 전에 하는 일

1.
2.
3.
4.

CD1-18

메이 씨와 김성민 씨가 여행 준비에 대해 이야기하고 있습니다.

김성민　메이 씨! 내일 여행을 가세요?

메이　　네, 설악산에 가요. 그런데 무엇을 준비해야 해요?

김성민　먼저 기차표를 예매해야 해요.

메이　　또 무엇을 준비해야 해요?

김성민　그 다음에는 숙소를 정하고 예약해야 해요.

메이　　여행사에 가야 해요?

김성민　아니요, 요즘은 인터넷으로 예약할 수 있어요.

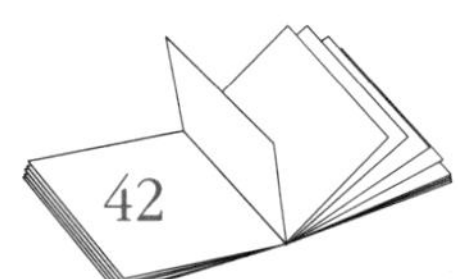

 ## 잘 들어 보세요 CD1-19

잘 듣고 맞는 것에 ✓해 보세요.

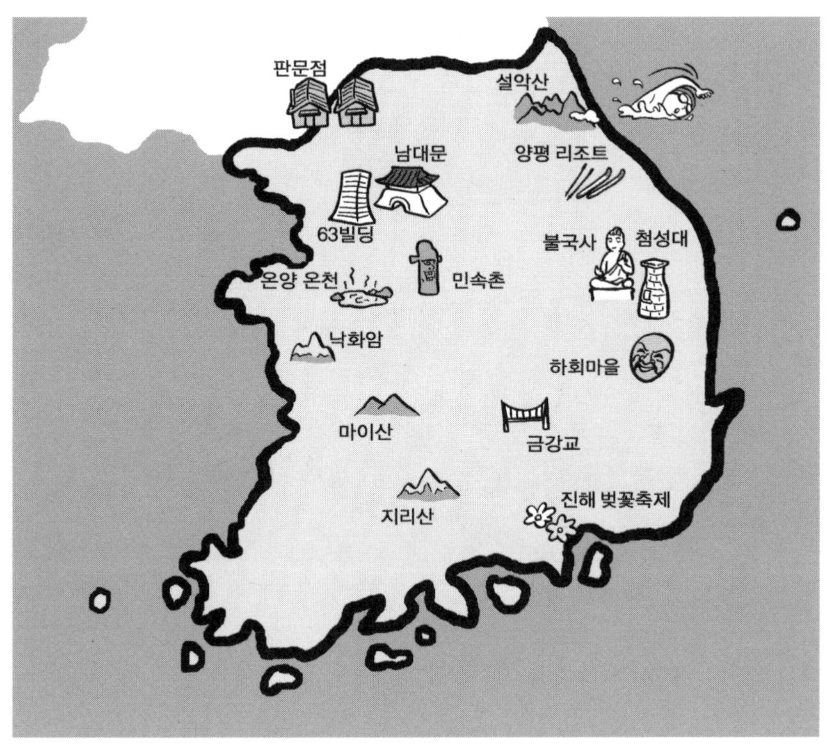

1) 스티브 씨는 어디에 갑니까?

① 춘천　　　　　② 설악산　　　　　③ 부산　　　　　④ 제주도

2) 거기에서는 무엇을 할 수 있습니까? 할 수 있는 것을 모두 고르세요.

①　②　③　④

함께 이야기해 보세요

1. 그들 같은 방 친구가 여행을 갑니다. 그러면 어떤 일을 해야 합니까?

▷ 함께 쓸 수 있는 말끼리 연결해 보세요.

2. 다음 그림을 보세요. 친구와 함께 자기가 가고 싶은 곳, 출발 날짜, 체류 기간을 말하세요.

빨래	닦다
설거지	정리하다
바닥	하다
책	비우다
쓰레기통	하다
꽃	물을 주다

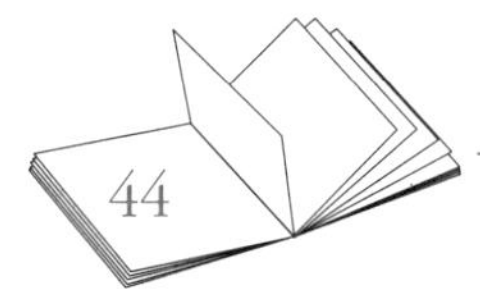

2. 다음 그림을 보세요. 친구와 함께 자기가 가고 싶은 곳, 출발 날짜, 체류 기간을 말하세요.

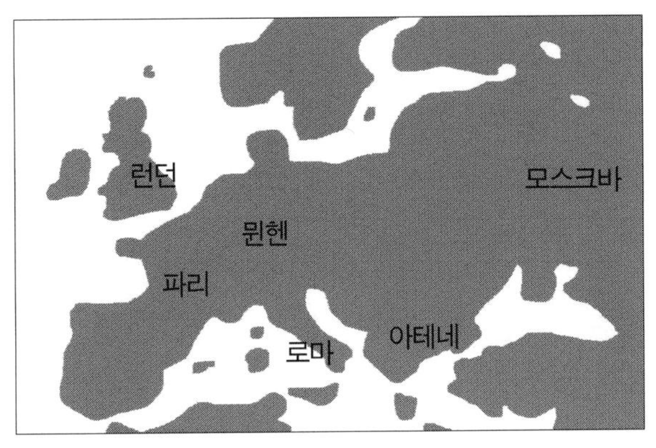

여행 계획표

가고 싶은 곳	
출발 날짜	
여행 기간	

할인 비행기표

구간	출발 기간	판매가	기간
서울 ↔ 나고야	01/15~02/09	440,000	07일
서울 ↔ 도쿄	01/15~02/09	410,000	07일
	01/15~02/09	410,000	07일
	01/15~02/09	410,000	07일
	01/15~02/09	410,000	07일
서울 ↔ 오사카	01/15~02/09	350,000	07일
	01/15~02/09	370,000	07일
	01/15~02/09	350,000	07일
서울 ↔ 런던	01/24~ 02/24	1,240,000	02개월
	01/24~ 02/24	1,290,000	02개월

구간	출발 기간	판매가	기간
서울 ↔ 로마	01/24~ 02/24	1,240,000	02개월
	01/24~ 02/24	1,290,000	02개월
서울 ↔ 모스크바	01/24~ 02/24	1,240,000	02개월
	01/24~ 02/24	1,290,000	02개월
서울 ↔ 취리히	01/24~ 02/24	1,240,000	02개월
서울 ↔ 파리	01/24~ 02/24	1,290,000	02개월
서울 ↔ 베이징	01/13~ 02/03	440,000	15일
서울 ↔ 상하이	01/13~ 02/03	440,000	15일
	01/13~ 02/03	440,000	15일

5 약속

잘 들어 보세요 CD1-20

1. 사유리 씨는 어디에 갑니까?

(1) 

(2) 

(3) 

2. 사유리 씨는 무엇이 필요합니까?

(1) 

(2) 

(3) 

3. 성민 씨는 어디에 갑니까?

(1) 

(2) 

(3) 

4. 성민 씨는 왜 그곳에 갑니까?

(1) 

(2) 

(3) 

5-1 어디에서 만날까요?

▷ 다음 그림을 보고 장소가 어디인지 말해 보세요.

백화점

도서관

커피숍

서울역

학교 운동장

서점

북한산

영화관

스케이트장

이소라 씨와 제임스 씨가 약속을 합니다.

제임스　소라 씨, 내일 뭘 하세요?

이소라　아직 계획이 없어요. 왜요?

제임스　저와 책을 사러 갈까요?

이소라　좋아요. 어디에서 만날까요?

제임스　교보문고 아세요?

이소라　네, 알아요.

제임스　그럼, 교보문고 앞에서 만나요.

 ## 잘 들어 보세요

1. 잘 듣고 따라해 보세요.

   1) 계획이 없어요.

   2) 학생증이 없으면 못 들어가요.

   3) 값이 얼마예요?

   4) 값을 깎아 주세요.

   5) 가: 방학에 계획이 있어요?

   　　나: 아니요, 아직 없어요.

없어요 → [업서요] → [업써요]

없이 → [업시] → [업씨]

값이 → [갑시] → [갑씨]

값을 → [갑슬] → [갑쓸]

2. 잘 듣고 써 보세요.

   1) 가: 주말에 계획이 있어요?

   　　나: 아니요, 아직 __________

   2) 가: 이 옷은 ______ 얼마예요?

   　　나: 5천 원이에요.

   3) 가: ______ 깎아 주세요.

   　　나: 죄송합니다. 안 됩니다.

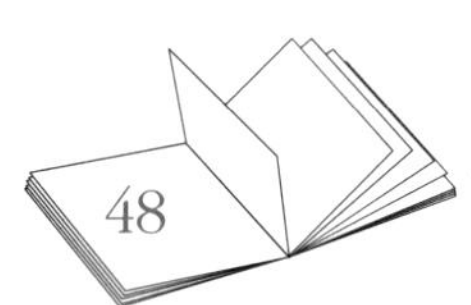

 ## 함께 이야기해 보세요

▷ 친구와 백화점에 갔어요. 친구와 사고 싶은 것을 표시하고, 친구와 백화점 어느 매장으로 갈 것
  인지 이야기해 봅시다.

| 5층 식당가 | 순두부찌개 | 김치찌개 | 된장찌개 | 부대찌개 | 비빔밥 |
| | 김밥 | 순대 | 떡볶이 | 어묵 | 튀김 |

4층 스포츠: 농구공, 축구공, 야구방망이, 운동복, 스키, 인라인스케이트

3층 남성복: 코트, 점퍼, 셔츠, 양복, 면바지, 청바지, 반바지

2층 여성복: 티셔츠, 반팔티셔츠, 후드티셔츠, 블라우스, 짧은치마, 긴치마, 주름치마

1층 잡화: 구두, 운동화, 부츠, 목도리, 지갑, 벨트, 반지, 목걸이, 모자

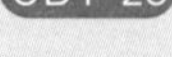

크리스틴 씨가 메이 씨와 약속을 합니다.

크리스틴　메이 씨! 토요일에 시간 있으세요?

메이　　　네, 있는데요.

크리스틴　시간이 있으면 저하고 쇼핑하러 갈까요?

메이　　　좋아요. 어디에서 만나면 좋을까요?

크리스틴　오후 1시쯤 학교 정문에서 만나요.

메이　　　좋아요. 일이 있으면 전화할게요.

크리스틴　그럼, 토요일에 만나요.

▷ 스트레스를 받으면 무엇을 합니까?

스트레스를 받다

 ## 잘 들어 보세요

1. 소라 씨와 스티브 씨의 대화입니다. CD1-24

    1) 이소라 씨는 누구를 만납니까?

        ① 동생   ② 친구   ③ 아버지

    2) 소라 씨의 친구는 무엇에 관심이 있습니까?

        ① 영어 공부   ② 미국   ③ 영화

    3) 스티브 씨는 소라 씨와 같이 갑니까?

        네 (   ) 아니요 (   )

2. 김성민 씨가 음성 메시지를 남깁니다. CD1-25

    1) 누구에게 전화를 했습니까?

        ① 사유리   ② 김성민   ③ 샐리   ④ 왕호

    2) 일요일에 무엇을 합니까?

①  ②  ③ 

    3) 사유리 씨가 성민 씨와 같이 가고 싶으면 어떻게 연락합니까?

        ① 이메일(E-mail)   ② 전화   ③ 문자 메시지   ④ 편지

함께 이야기해 보세요

1. 일주일 계획을 써 보세요. 언제 시간이 있습니까?

    친구와 이야기하고 약속 시간을 정하세요. 그날 할 일을 이야기해 보세요.

<table>
<tr><td colspan="2">나의 계획</td></tr>
<tr><td rowspan="2">월</td><td>오전</td></tr>
<tr><td>오후</td></tr>
<tr><td rowspan="2">화</td><td>오전</td></tr>
<tr><td>오후</td></tr>
<tr><td rowspan="2">수</td><td>오전</td></tr>
<tr><td>오후</td></tr>
<tr><td rowspan="2">목</td><td>오전</td></tr>
<tr><td>오후</td></tr>
<tr><td rowspan="2">금</td><td>오전</td></tr>
<tr><td>오후</td></tr>
<tr><td rowspan="2">토</td><td>오전</td></tr>
<tr><td>오후</td></tr>
<tr><td rowspan="2">일</td><td>오전</td></tr>
<tr><td>오후</td></tr>
</table>

<table>
<tr><td colspan="2">(　　　)의 계획</td></tr>
<tr><td rowspan="2">월</td><td>오전</td></tr>
<tr><td>오후</td></tr>
<tr><td rowspan="2">화</td><td>오전</td></tr>
<tr><td>오후</td></tr>
<tr><td rowspan="2">수</td><td>오전</td></tr>
<tr><td>오후</td></tr>
<tr><td rowspan="2">목</td><td>오전</td></tr>
<tr><td>오후</td></tr>
<tr><td rowspan="2">금</td><td>오전</td></tr>
<tr><td>오후</td></tr>
<tr><td rowspan="2">토</td><td>오전</td></tr>
<tr><td>오후</td></tr>
<tr><td rowspan="2">일</td><td>오전</td></tr>
<tr><td>오후</td></tr>
</table>

<table>
<tr><td colspan="2">약 속</td></tr>
<tr><td>날짜</td><td></td></tr>
<tr><td>시간</td><td></td></tr>
<tr><td>장소</td><td></td></tr>
<tr><td>할 일</td><td></td></tr>
<tr><td>준비물</td><td></td></tr>
</table>

2. 두 팀으로 나누어서 게임을 합시다. 주사위를 던져서 나오는 숫자로 가세요.

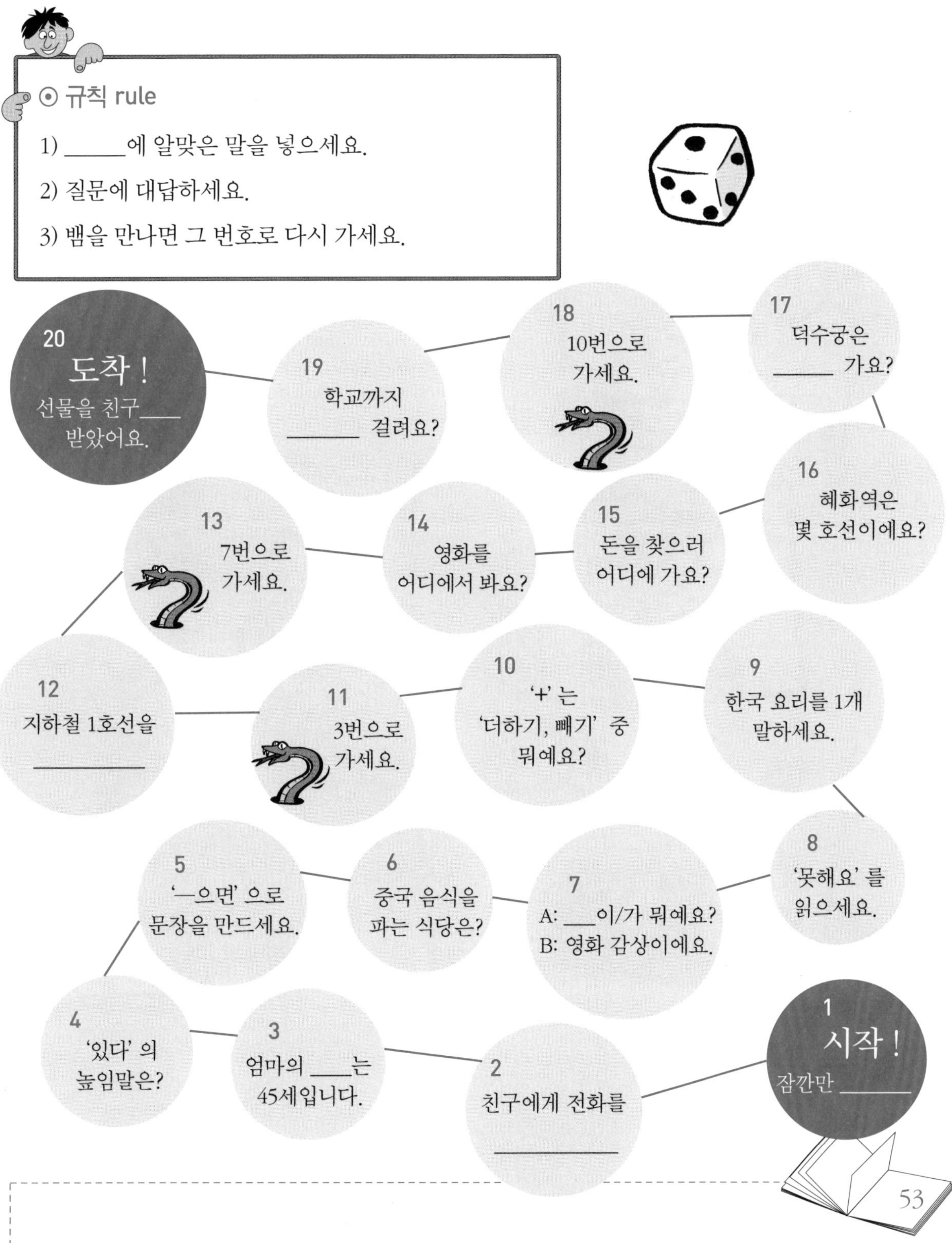

6 계획

▷ 여러분은 지금 몇 살입니까? 1년 후, 5년 후, 10년 후 어떤 계획이 있습니까?
사진을 순서대로 연결해 보십시오.

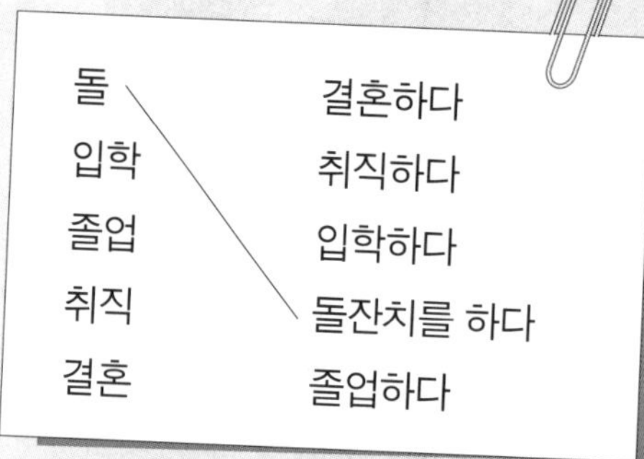

돌	결혼하다
입학	취직하다
졸업	입학하다
취직	돌잔치를 하다
결혼	졸업하다

6-1 1년 동안 한국어를 공부할 거예요

▷ 여러분은 한국어를 공부하러 한국에 왔습니다. 공항에서 입국 심사를 하고 있습니다.
  공항 직원에게 계획을 말하십시오.

언제	살다
왜	공부하다
어디	있다
얼마 동안	오다

크리스틴 씨가 공항에서 입국 심사를 합니다.

직원	한국에는 무슨 일로 왔습니까?
크리스틴	한국어를 공부하러 왔어요.
직원	어디에서 한국어를 공부할 겁니까?
크리스틴	성균관대학교에서 공부할 거예요.
직원	어디에서 살 겁니까?
크리스틴	학교 근처 하숙집에서 살 거예요.
직원	얼마 동안 한국어를 공부할 겁니까?
크리스틴	1년 동안 공부할 거예요.
직원	언제까지 한국에 있을 겁니까?
크리스틴	내년 8월까지 있을 거예요.
직원	여권 여기 있습니다. 안녕히 가십시오.

잘 들어 보세요 CD2-2

1. 잘 듣고 따라해 보세요.

   1) 1년 전에 왔어요.

   2) 7년 동안 만났어요.

   3) 8년 동안 배웠어요.

2. 잘 듣고 써 보세요.

   1) 가: 언제 한국에 처음 왔어요?

   　　나: ______ 전에 처음 왔어요.

   2) 가: 얼마 동안 한국에서 살았어요?

   　　나: ______ 동안 한국에서 살았어요.

함께 이야기해 보세요

▷ 친구의 계획에 대해 물어 보세요.

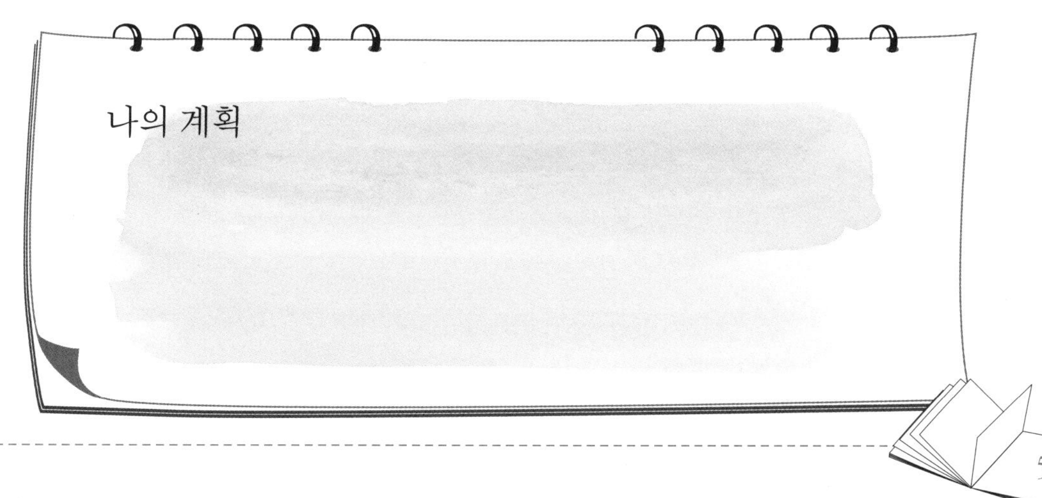

▷ 여러분은 3년 후, 5년 후에 어떤 계획이 있습니까?
자신의 계획을 쓰고 발표해 보십시오.

나의 계획

CD2-3

성민 씨가 스티브 씨를 초대합니다.

성민　스티브 씨, 이번 주 토요일에 시간 있어요?

스티브　왜요?

성민　토요일이 제 생일이에요. 우리 집에 놀러 오세요.

스티브　그래요? 알았어요.

　　　그런데 성민 씨 집을 몰라요. 어떻게 가면 돼요?

성민　먼저 지하철을 타고 3호선 안국역에 내리세요.

　　　내려서 5번 마을버스를 타세요.

　　　그리고 약국 앞에서 내리세요.

　　　그러면 미래 아파트가 보일 거예요.

스티브　알았어요. 모르면 다시 전화할게요.

▷ 여러분이 친구를 초대하고 싶습니다. 그런데 친구가 여러분 집을 모릅니다.
　어떻게 오는지 가르쳐 주십시오.

1호선 종각	택시를 타다	교회 앞	우리 집
2호선 신촌	370번 버스를 타다	학교 정문	아파트
4호선 혜화	100미터를 걷다	학교 앞	식당
5호선 광화문	셔틀 버스를 타다	식당 앞	공원

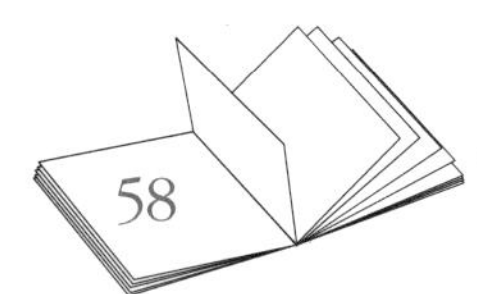

 ## 잘 들어 보세요

1. 다음 두 사람의 대화를 잘 듣고 맞는 것에 ✔하세요. `CD2-4`

  1) 소라 씨는 주말에 무엇을 할 겁니까?

    ① 친구를 만날 거예요　　　　　　② 친구와 중국에 갈 거예요

    ③ 친구와 제주도에 갈 거예요　　　④ 친구와 부산에 갈 거예요

  2) 두 사람은 언제 만날 겁니까?

    ① 화요일　　　② 수요일　　　③ 목요일　　　④ 월요일

2. 다음 두 사람의 대화를 잘 듣고 맞는 것에 ✔해 보세요. `CD2-5`

  1) 사토루 씨는 어디에 전화했습니까?

    ① 학교　　　② 식당　　　③ 우체국　　　④ 공항

  2) 언제 갈 겁니까?

    ① 일요일　　　② 월요일　　　③ 토요일　　　④ 목요일

  3) 몇 명이 갈 겁니까?

    ① 3명　　　② 4명　　　③ 5명　　　④ 6명

3. 두 사람의 대화를 잘 듣고 맞는 것에 ✔해 보세요. `CD2-6`
크리스틴 씨는 어디로 나와야 합니까?

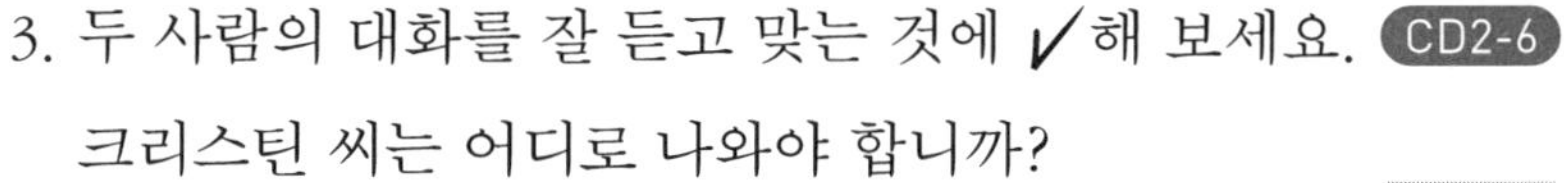
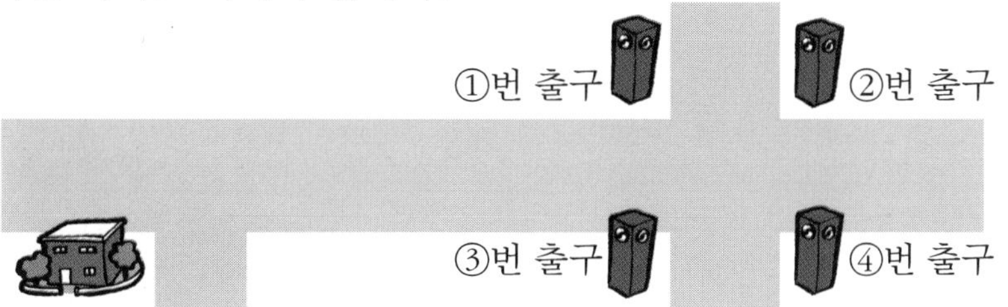

 **함께 이야기해 보세요**

1. 친구에게 여러분의 집을
   가르쳐 주려고 합니다.
   먼저 초대장을 쓰고
   집 근처 약도도 그려 보세요.
   그리고 친구를 초대하세요.

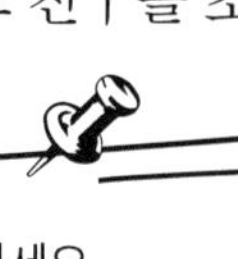

제 생일 파티에 초대합니다.

날짜 : 2005년 3월 21일 토요일
시간 : 저녁 6시
장소 : 우리 집

오시는 방법
충무로역에서 3호선으로 갈아타세요. 3호선을 타고 압구정역에서
내리세요. 내려서 4번 출구로 나오세요.
5분쯤 걸어서 약국이 나오면 그 맞은편이 우리 집입니다.

초 대 장

날짜 :

시간 :

장소 :

약도 :

2. 친구와 방학에 한국에서 여행을 하려고 합니다.

　　친구와 계획을 세우고 그곳에서 무엇을 할지 이야기해 보세요.

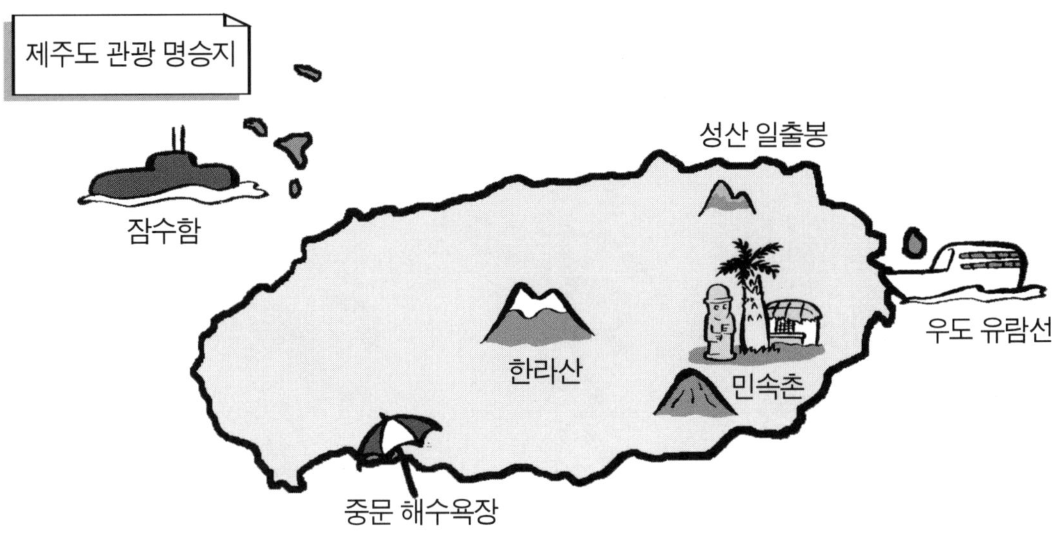

여행지				
교통				
숙박	☐ 호텔	☐ 여관	☐ 콘도	☐ 민박
준비물				
일정	①	→ ②	→ ③	

7 부탁

▷ 여러분은 한국에 처음 옵니다. 모르는 것이 많습니다.
  다음 상황에서 어떻게 부탁합니까?

▷ 다음 사람들은 어떤 도움이 필요할까요?

여러분이 다음 사람이 되어 옆 사람에게 부탁해 보세요.

크리스틴 씨가 성민 씨에게 부탁을 합니다.

성민	크리스틴 씨, 팔이 왜 그래요?
크리스틴	어제 팔을 다쳤어요.
성민	그래요? 그런데 가방을 들 수 있어요?
크리스틴	조금 힘들어요.
	미안하지만 가방 좀 들어 주세요.
성민	알았어요.
크리스틴	도와줘서 정말 고마워요.
성민	아니에요. 언제든지 부탁하세요.

[ㄱ] + [ㅎ] → [ㅋ]

부탁하세요 [부타카세요]

축하합니다 [추카합니다]

도착해요 [도차캐요]

 **잘 들어 보세요** CD2-8

1. 잘 듣고 따라해 보세요.

  1) 저에게 부탁하세요.

  2) 생일 축하합니다.

  3) 가: 시간이 있으면 저에게 연락해 주세요.

    나: 네, 알겠습니다.

2. 잘 듣고 써 보세요.

  1) 가: 비행기가 몇 시에 __________ ?

    나: 5시쯤에 __________ 거예요.

  2) 가: 생신 __________

    나: 와 주셔서 감사합니다.

 ## 함께 이야기해 보세요

▷ 여러분은 다음과 같이 부탁하고 싶은 것이 있습니다. 먼저 관계가 있는 것을 연결하십시오.

가

1. 한국어 공부를 하려고 해요.
   사전이 없어요.
2. 컴퓨터가 고장 났어요.
   빨리 고쳐야 해요.
3. 한국어 시험이 있어요.
   잘 모르겠어요.
4. 길을 잃었어요.
   지하철 역을 찾고 있어요.
5. 휴대전화가 없어요.
   친구에게 전화를 해야 해요.

나

가. 전화기를 빌리다.

나. 사전을 빌리다.

다. 한국어 공부를 돕다.

라. 길을 알리다.

마. 컴퓨터를 고치다.

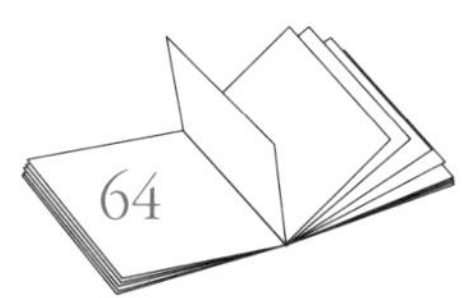

친구의 생일입니다. 옷을 선물하려고 합니다.

CD2-9

점원   어서 오세요. 뭘 찾으세요?

게이코   셔츠를 사려고 하는데요.

점원   이것은 어떠세요?

게이코   디자인은 마음에 드는데 색깔이 마음에 안 들어요.

　　　저건 얼마예요?

점원   45,000원이에요.

게이코   네? 좀 비싼데 깎아 주세요.

점원   죄송합니다. 백화점에서는 깎을 수 없습니다.

게이코   네, 그럼 생일 선물이니까 포장해 주세요.

깎다
포장하다
바꾸다
쇼핑백에 넣다
싸다

이것은→이건, 저것은→저건, 그것은→그건,

이것을→이걸, 저것을→저걸, 그것을→그걸

 ## 잘 들어 보세요

1. 잘 듣고 맞는 것에 ✔해 보세요. CD2-10

   1) 이 사람은 무엇을 샀습니까?

   ① 　　② 　　③ 

   2) 모두 얼마입니까?

   ① 3,200원　　② 3,500원　　③ 3,700원　　④ 3,900원

2. 잘 듣고 맞는 것에 ✔해 보세요.

   1) 여기는 어디입니까?

   ① 학교 사무실　　② 서점　　③ 슈퍼

   2) 스티브 씨는 무엇을 샀습니까?

   ① 　　② 　　③ 

   3) 그것은 모두 얼마입니까?

   ① 16,000원　　② 18,000원　　③ 20,000원

3. 잘 듣고 맞는 것에 ✔해 보세요. CD2-11

   1) 무엇을 배달시켰습니까?

   ① 　　② 　　③ 

   2) 모두 얼마입니까?

   ① 30,000원　　② 32,000원　　③ 42,000원

함께 이야기해 보세요

▷ 이사를 하려고 합니다. 집에 가전제품과 가구가 필요합니다.

다음 광고를 보고 사고 싶은 물건을 주문하십시오.

상품 주문서

물건 :

상품 번호 :

가격 :

배달 날짜와 시간 :

주소 :

전화번호 :

8 규칙

▷ 여러분은 다음 안내문을 봤습니까? 어디에서 봤습니까?

다음은 어떤 뜻일까요? 관계있는 것을 연결하십시오.

금 연

음식물 반입 금지

노약자 보호석

촬영 금지

애완견 출입 금지

휴대전화 사용 금지

한국

빨간색으로 이름을 쓰지 마세요.

그릇을 들고 먹지 마세요.

인도

소고기를 먹지 마세요.

왼손으로 음식을 먹지 마세요.

▷ 여러분이 한국 친구 집에 초대를 받았습니다. 그런데 어떻게 하면 실례입니까?
   한국 친구에게 물어보십시오.

▷ 한국 예절에 맞으면 O, 아니면 × 하세요.

☐ 어른 앞에서 술이나 담배를 합니다.	☐ 집 안에서 신발을 벗습니다.
☐ 어른이 음식을 드시면 먹습니다.	☐ 그릇을 들고 먹습니다.

크리스틴 씨가 초대를 받았습니다.

크리스틴 지연 씨, 지금 시간 있어요?
지연   네, 왜요?
크리스틴 내일 한국 친구 집에 초대를 받았어요.
         그런데 제가 한국 사람 집에 처음 가요.
         어떻게 하면 좋아요? 좀 가르쳐 주세요.
지연   먼저 집 안에서는 신발을 신지 마세요.
         신발을 벗으세요.
크리스틴 알았어요. 식사는 어떻게 해요?
지연   어른보다 먼저 먹지 마세요. 어른이 드시면 먹어요.
크리스틴 알았어요. 지연 씨, 가르쳐 줘서 고마워요.

잘 들어 보세요 CD2-13

1. 잘 듣고 따라해 보세요.
   1) 편지를 받았는데요.
   2) 수업이 끝났는데요.
   3) 가방을 잃어버렸는데요.
   4) 가: 크리스틴 씨, 친구 만났어요?
      나: 친구를 한 시간이나 기다렸는데 안 왔어요.

받았는데
[바닫는데] → [바단는데]

끝났는데
[끝난는데] → [끈난는데]

2. 잘 듣고 써 보세요.
   1) 가: 어제 친구를 잘 만났어요?
      나: 제가 급한 일이 있어서 못 ____________
   2) 가: 친구와 만나서 무엇을 했어요?
      나: 친구와 노래방에 ____________ 재미있었어요.

함께 이야기해 보세요

▷ 여러분은 다음 장소에서 하면 안 되는 것으로 규칙을 만들어 붙이려고 합니다.

2, 3명이 한 팀이 되어 5가지 규칙을 만들고 발표하십시오.

하숙집 규칙

방에서 담배를 피우지 마세요.

음악을 크게 듣지 마세요.

친구들을 데리고 와서 술을 마시지 마세요.

방에서 요리하지 마세요.

방에서 동물을 키우지 마세요.

1. 우리 교실에서 반 친구들에게

2. 우리 학교 도서관에서 학생들에게

3. 우리 집에서 같이 사는 친구에게

1. ____

2. ____

3. ____

4. ____

5. ____

8-2 수업 시간에 늦지 마세요

CD2-14

스티브 씨가 오늘 지각을 했습니다.

선생님 스티브 씨! 왜 수업에 늦었어요?

스티브 죄송합니다, 선생님.

선생님 무슨 일이 있었어요?

스티브 아니요, 어제 새벽 2시에 자서 오늘 늦잠을 잤어요.

선생님 그래요? 내일부터는 늦지 마세요.

스티브 네, 알겠습니다.

▷ 위의 대화를 이용해서 옆 친구와 이야기해 보세요.

월요일	화요일	수요일	목요일	금요일
12시~5시 축구 시합	친구와 쇼핑	친구들과 술 약속	밤 12시까지 숙제	친구와 이야기

어제 운동을 많이 하다

고향 친구가 한국에 오다

밤 12시까지 술을 마시다

공부를 많이 하다

친구와 이야기하다

숙제와 공부를 하다

 # 잘 들어 보세요

1. 잘 듣고 맞는 것에 ✔해 보세요. CD2-15

   1) 누가 약속에 늦었습니까?

      ① 야오밍   ② 메이   ③ 스티브

   2) 왜 늦었습니까? 모두 고르십시오.

      ① 약속을 잊어버려서

      ② 길이 막혀서

      ③ 회사 일이 많아서

   3) 지금은 몇 시입니까?

      ① 6시 30분   ② 7시   ③ 7시 30분

2. 하숙집 주인과 학생의 대화입니다. 잘 듣고 맞는 것에 ✔해 보세요. CD2-16

   1) 이 하숙집에서는 이것을 할 수 없어요. 모두 찾으세요.

      ① 강아지를 데리고 옵니다

      ② 술을 마십니다

      ③ 식사 시간에 늦게 옵니다

      ④ 친구를 데리고 옵니다

   2) 이 하숙집에서는 이것은 해도 됩니다. 모두 찾으세요.

      ① 강아지를 데리고 옵니다

      ② 밤에 늦게 옵니다

      ③ 식사 시간에 늦게 옵니다

      ④ 친구를 데리고 옵니다

함께 이야기해 보세요

1. 여러분은 바다에서 구멍난 배를 타고 있습니다. 배를 가볍게 해야 합니다. 다음 물건들을 하나씩 버리려고 합니다. 무엇을 먼저 버리겠습니까? 순서대로 번호를 쓰십시오. 그리고 왜 그것을 버렸습니까? 그 이유를 말하십시오.

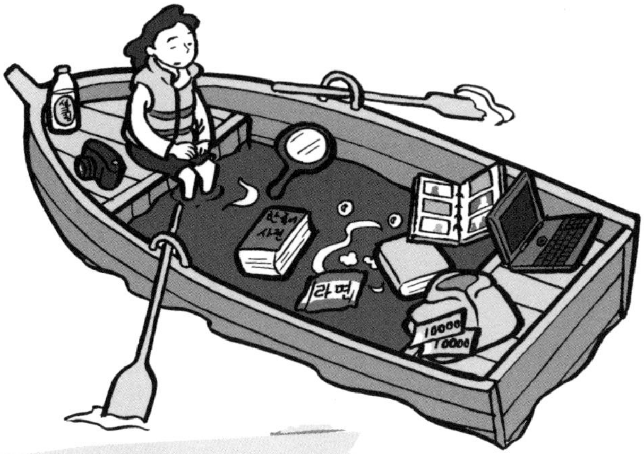

- ☐ 휴대전화
- ☐ 컴퓨터
- ☐ 강아지
- ☐ 사진첩
- ☐ 라면
- ☐ 책
- ☐ 한국어 사전
- ☐ 거울
- ☐ 옷
- ☐ 썬크림
- ☐ 카메라
- ☐ 돈

2. 다음 사람들은 왜 이런 얼굴일까요? 그 이유를 이야기해 봅시다.

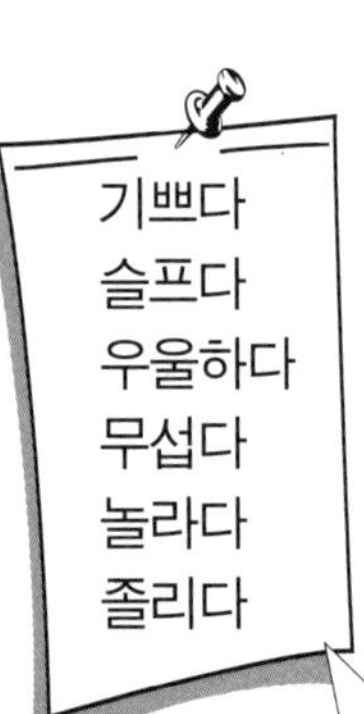

3. 여러분이 다음의 표를 두 장 가지고 있습니다. 친구에게 같이 갈 수 있는지 물어보세요.
   친구의 이야기를 듣고 시간이 맞으면 약속을 하십시오.

뷔페 식사권 오늘 오후 12시 신촌 뷔페	국악/사물놀이 초대권 토요일 오후 1시 한옥마을	영화 초대권 월요일 저녁 9시 강남 극장
야구 관람권 일요일 오후 2시 잠실 야구장	축구 관람권 수요일 12시 월드컵 경기장	클래식 콘서트 초대권 화요일 저녁 7시 광화문 세종문화회관

월요일에만 시간이 있다. 영화를 좋아하지 않는다.

화요일에만 시간이 있다. 수업 후에는 아르바이트를 한다.

화요일에만 시간이 있다. 클래식 음악을 좋아하지 않는다.

수요일에만 시간이 있다. 운동을 좋아하지 않는다.

토요일에만 시간이 있다. 옛날 것은 재미가 없다.

일요일에만 시간이 있다. 사람이 많은 곳을 좋아하지 않는다.

9 차이

▷ 여러분의 고향은 어디입니까? 그곳의 모습은 아래의 어느 것과 비슷합니까?

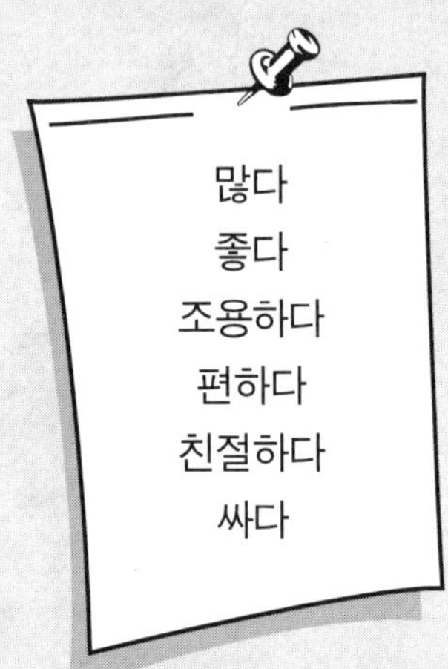

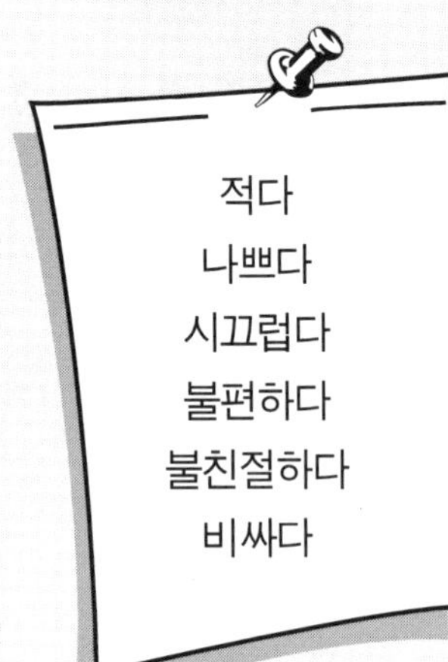

CD2-17

소라 씨가 사토루 씨에게 고향에 대해 물어봅니다.

소라　　사토루 씨 고향은 어디예요?

사토루　제 고향은 일본 오사카예요.

소라　　오사카는 어떤 도시예요? 사람이 많아요?

사토루　네, 오사카는 사람이 많아요.

소라　　물가는 어때요?

사토루　오사카가 서울보다 비싸요.

 **잘 들어 보세요** CD2-18

1. 잘 듣고 따라해 보세요.

   1) 지하철이 편리해요.

   2) 교실에서 담배를 피우면 곤란해요.

   3) 경주는 신라의 수도예요.

   4) 가: 이 반은 학생이 몇 명이에요?

   　　나: 열네 명이에요.

2. 잘 듣고 써 보세요.

   1) 가: 한국에 언제 왔어요?

   　　나: ＿＿＿＿＿ 전에 왔어요.

   2) 가: 왜 지하철을 타요?

   　　나: 지하철이 ＿＿＿＿＿

 ## 함께 이야기해 보세요

▷ 다음의 세계지도를 보고 각 나라의 인구와 기온을 비교해 보십시오.

비교한 후에 여러분 고향과 서울의 비슷한 점과 다른 점을 쓰고 발표해 보십시오.

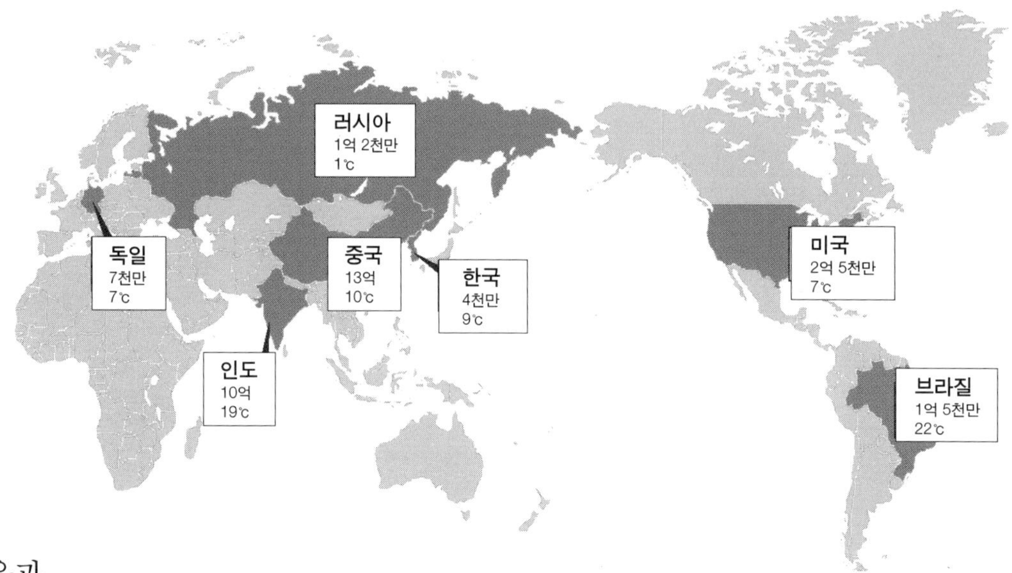

서울과 ___________

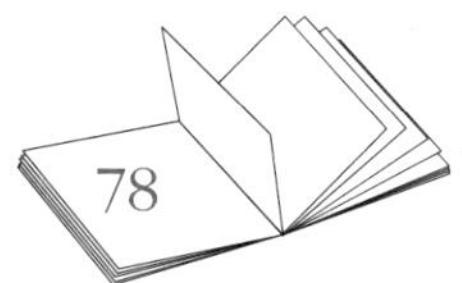

9-2 회사 일이 있어서 못 가요

▶ 친구가 여러분을 초대합니다. 그렇지만 갈 수 없습니다. 갈 수 없는 이유를 말하십시오.

CD2-19

크리스틴 씨가 소라 씨를 초대합니다.

크리스틴　소라 씨, 이번 토요일에 시간 있어요?

소라　　　왜요?

크리스틴　이번 토요일이 제 생일이에요.

소라　　　그래요? 축하해요.

크리스틴　고마워요. 그런데 소라 씨, 제 생일 파티에 올 수 있어요?

소라　　　미안해요. 제가 토요일에 회사 일이 있어서 못 가요.

크리스틴　그래요? 알겠어요.

집들이	집들이에 오다	아르바이트가 있다
아이 돌	돌잔치에 오다	친구가 한국에 오다
어머니 생신	환갑 잔치에 오다	여행을 가다

1. 잘 듣고 맞는 것에 ✔해 보세요. CD2-20

   1) 스티브 씨는 생일 초대에 갈 수 있습니까?

   있다 ☐ / 없다 ☐

   2) 소라 씨의 집은 쉽게 찾을 수 있습니까?

   있다 ☐ / 없다 ☐

2. 잘 듣고 맞는 것에 ✔하세요. CD2-21

   1) 마시는 것에 ○, 안 마시는 것에 × 하세요.

스티브 ☐   ☐   ☐   ☐   ☐

사토루 ☐   ☐   ☐   ☐   ☐

   (2) 수미 씨가 안 마시는 것에 ○, 못 마시는 것에 × 하세요.

☐   ☐   ☐   ☐   ☐

 ## 함께 이야기해 보세요

1. 여러분 나라에서 다음 돈으로 무엇을 할 수 있어요? 그리고 무엇을 할 수 없어요?

2. 다음에 대해 우리 반 친구들에게 인터뷰하고 맞는 곳에 ✔해 보세요.
   그리고 우리 반에서 가장 건강한 사람을 찾으세요.

	네	안	못
담배를 피우다	−2	+1	+1
술을 마시다	−1	+1	+1
아침 식사를 하다	+2	−1	−1
커피를 마시다	−1	+1	+1
운동을 하다	+2	−1	−1
운전을 하다	−2	+1	+1
다이어트를 하다	−2	+1	+1
밤에 늦게 자다	−2	+1	+1
엘리베이터를 타다	−2	+1	+1

▷ 여러분은 네 사람 중에서 누가 가장 좋습니까?

나이 30세

취미 음악 감상

직업 의사

나이 29세

취미 컴퓨터 게임

직업 회사원

나이 27세

취미 영화 감상

직업 선생님

나이 25세

취미 여행

직업 학생

키가 크다 — 작다
재미있다 — 재미없다
유머가 있다 — 없다
머리가 길다 — 짧다
옷을 잘 입다 — 못 입다
잘생기다
예쁘다
날씬하다

10-1 어떤 사람을 좋아합니까?

▷ 여러분은 한국 친구를 많이 알고 있습니다. 그래서 우리 반 친구들에게 소개를 하려고 합니다. 친구에게 먼저 이상형을 물어 보고 맞는 사람을 소개하십시오. 그리고 두 사람이 만날 장소와 시간도 정하십시오.

▷ 먼저 이상형에 ✔하십시오.

☐ 키가 크다	☐ 머리가 좋다	☐ 귀엽다
☐ 옷을 잘 입다	☐ 이야기가 재미있다	☐ 마르다
☐ 돈이 많다	☐ 외국어를 할 수 있다	☐ 머리가 길다
☐ 자동차가 있다	☐ 잘생기다/ 예쁘다	☐ 안경을 쓰다
☐ 직업이 좋다	☐ 착하다	☐ 책을 많이 읽다

소라 씨가 크리스틴 씨에게 친구를 소개하려고 합니다.

소라	크리스틴 씨! 어떤 사람을 좋아해요?
크리스틴	왜요?
소라	제가 크리스틴 씨한테 친구를 소개하고 싶은데요.
크리스틴	저는 재미있는 사람을 좋아해요.
소라	그래요? 제 친구 중에 재미있는 사람이 있어요.
크리스틴	그래요? 그럼 한번 만나고 싶어요. 소개해 주세요.
소라	크리스틴 씨는 언제 시간이 있어요?
크리스틴	저는 이번 주말에 시간이 있어요.
소라	그래요? 그럼, 제 친구에게 오늘 전화할게요.

 ## 잘 들어 보세요 CD2-23

1. 잘 듣고 따라해 보세요.

1) 우리 반에는 재미있는 사람이 많아요.

2) 수업이 끝났습니다.

3) 옷만 빌려 주세요.

4) 가: 찾는 것이 있으세요?

   나: 그냥 구경 좀 하려고요.

2. 잘 듣고 써 보세요.

1) 가: 생일 선물로 꽃과 무엇을 살 거예요?

   나: _________ 사려고 해요.

2) 가: 어떤 사람을 좋아하십니까?

   나: _________ 사람을 좋아합니다.

 ## 함께 이야기해 보세요

▷ 파티를 하고 있습니다. 여러분은 파티에 온 사람들의 이름을 잘 모릅니다.
친구에게 물어서 이름을 써 넣으십시오.

야오밍　　크리스틴 씨, 저기 키가 큰 남자는 누구입니까?

크리스틴　아, 저기 커피를 마시는 사람요?

야오밍　　네, 맞아요.

크리스틴　그 사람은 스티브 씨예요.

▷ 파티를 하고 있습니다. 여러분은 파티에 온 사람들의 이름을 잘 모릅니다.
친구에게 물어서 이름을 써 넣으십시오.

야오밍　크리스틴 씨, 저 여자분은 누구입니까?

크리스틴　아, 저기 선글라스 쓴 사람요?

야오밍　네, 맞아요.

크리스틴　그 사람은 올가 씨예요.

10-2 무슨 영화를 볼까요?

▷ 친구와 영화를 보러 가려고 합니다. 어떤 영화를 보러 갈 겁니까?

CD2-24

스티브 씨와 소라 씨가 영화를 보러 가려고 합니다.

스티브	이번 주말에 영화를 보러 갈까요?
소라	좋아요. 그런데 스티브 씨는 어떤 영화를 좋아해요?
스티브	저는 코미디 영화를 좋아해요. 소라 씨는요?
소라	저는 멜로 영화를 좋아해요.
스티브	그럼, 우리 무슨 영화를 볼까요?
	'6월의 크리스마스' 를 볼까요?
소라	좋아요. 몇 시에 하지요?
스티브	9시, 11시, 1시, 3시에 해요.
소라	그럼, 1시에 하는 영화를 볼까요?
스티브	좋아요. 그럼, 몇 시에 만날까요?
소라	토요일 12시에 혜화역에서 만나요.
스티브	좋아요. 그때 만나요.

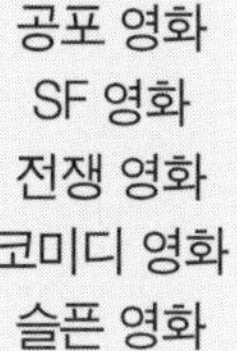

공포 영화		
SF 영화	금요일 저녁 6시	종로 3가역
전쟁 영화	일요일 오후 1시	삼성역
코미디 영화	오늘 1시 반	학교 정문 앞
슬픈 영화		

 ## 잘 들어 보세요

▷ 잘 듣고 맞는 것에 ✔해 보세요. CD2-25

1. 스티브 씨는 무엇을 주웠습니까?

①  ② 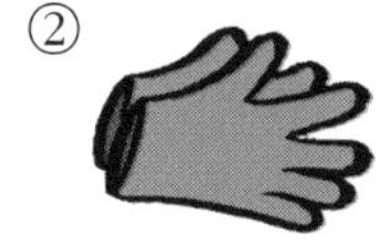 ③  ④ 

2. 스티브 씨는 어디에서 물건을 주웠습니까?

① 교실에서 ② 도서관에서 ③ 버스에서 ④ 화장실에서

3. 사토루 씨가 있는 그림을 찾으세요.

①   ②  

③   ④  

함께 이야기해 보세요

▷ 우리 반에서 최고를 찾으십시오.

	이름	얼마
1. 우리 반에서 가장 한국 친구가 많은 사람은 누구입니까?		명
2. 우리 반에서 여러 나라를 가장 많이 여행한 사람은 누구입니까?		나라
3. 우리 반에서 가장 술을 잘 마시는 사람은 누구입니까?		병(잔)
4. 우리 반에서 지갑에 돈이 가장 많은 사람은 누구입니까?		원
5. 우리 반에서 집이 가장 먼 사람은 누구입니까?		시간
6. 우리 반에서 가장 가족이 많은 사람은 누구입니까?		명
7. 우리 반에서 가장 늦게 자는 사람은 누구입니까?		시
8. 우리 반에서 가장 한국 노래를 많이 아는 사람은 누구입니까?		곡
9. 우리 반에서 가장 한국 영화를 많이 본 사람은 누구입니까?		편
10. 우리 반에서 가장 발이 큰 사람은 누구입니까?		cm
11. 우리 반에서 휴대전화에 전화번호가 가장 많은 사람은 누구입니까?		명
12. 우리 반에서 가장 일찍 일어나는 사람은 누구입니까?		시
13. 우리 반에서 책을 가장 많이 읽는 사람은 누구입니까?		한달에 권

2. 우리 반 친구를 소개하는 글을 쓰려고 합니다. 그 친구는 어떤 사람입니까?

이 름 ____

외 모 ____

성 격 ____

취 미 ____

습 관 ____

듣기 문제 지문과 답
English Translation
집필진 소개

제1과 전화

15쪽

1. 잘 듣고 따라해 보세요.

  1) 전화를 잘못하셨습니다.

  2) 제가 잘못했으니까 용서하세요.

  3) 가: 거기 760-1330입니까?

     나: 아니요. 잘못하셨습니다.

2. 잘 듣고 써 보세요.

  1) 가: 거기 한국어 사무실입니까?

     나: 아니요, <u>전화 잘못하셨습니다.</u>　　　　　[답] 전화 잘못하셨습니다.

  2) 가: 거기 식당이에요?

     나: 아니요, <u>잘못하셨어요.</u>　　　　　　　　[답] 잘못하셨어요.

18쪽

1. 내용에 맞는 그림을 찾으세요.

야오밍 씨가 전화를 합니다.

야오밍　　여보세요?

직원　　　여보세요?

야오밍　　거기 영화관이지요?

직원　　　네, 영화관입니다. 무엇을 도와드릴까요?

야오밍　　네, 오늘 영화 몇 시에 시작하지요?

직원　　　오전 11시부터 시작합니다.

야오밍　　네, 알겠습니다.　　　　　　　　　　[답] ④

2. 잘 듣고 맞으면 ○, 틀리면 × 하세요.

야오밍　여보세요?
선생님　여보세요?
야오밍　김수진 선생님 계세요?
선생님　제가 김수진인데요. 누구세요?
야오밍　저는 야오밍입니다.
선생님　아! 야오밍 씨. 무슨 일로 전화했어요?
야오밍　내일 아침에 제 친구가 한국에 옵니다. 그래서 학교에 못 갑니다.
선생님　그래요? 알겠어요. 친구와 재미있게 지내요.

[답] 1) ○　　2) ○　　3) ×

3. 잘 듣고 질문에 답해 보세요.

선생님! 안녕하세요? 저는 메이입니다.
선생님께서는 주말에 무엇을 하세요?
이번 주말에 우리 반 친구들과 등산을 가요.
선생님께서도 가시겠어요?
약속 장소는 토요일 오전 10시, 학교 정문이에요.
안녕히 계세요.

[답] 1) ②　　2) ③

제2과 전달

▷ 잘 듣고 ✔ 해 보세요.

성민　꽃이 예뻐요. 사셨어요?
사유리　아니요, 남자 친구한테서 받았어요.

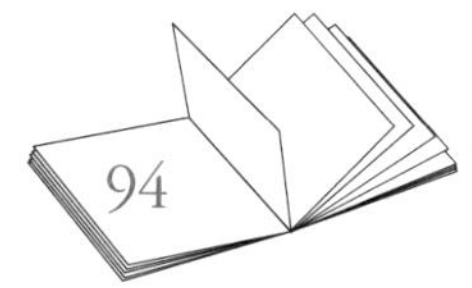

성민　　　그래요? 무슨 날이에요?

사유리　　제 생일이에요.

성민　　　그래요? 생일 축하해요.

[답] 1) ③　　2) ③　　3) ②

23쪽

1. 잘 듣고 따라해 보세요.

　1) 누구한테서 들으셨어요?

　2) 친구한테서 들었어요.

　3) 가: 전화번호를 누구한테 물었어요?

　　　나: 유리 씨한테 물었어요.

2. 잘 듣고 써 보세요.

　1) 가: 약속 장소를 누구에게 물었어요?

　　　나: 친구에게 <u>물었어요.</u>　　　　　　　　　　　　[답] 물었어요.

　2) 가: 그곳에 어떻게 갔어요?

　　　나: <u>걸어서</u> 갔어요.　　　　　　　　　　　　　　[답] 걸어서

27쪽

1. 크리스틴 씨와 사토루 씨의 대화입니다.

　크리스틴　　사토루 씨는 형제가 있어요?

　사토루　　　네, 형이 한 명 있고 여동생도 한 명 있어요.

　크리스틴　　사토루 씨는 형하고 닮았어요?

　사토루　　　아니요, 저는 키가 작은데 형은 커요.

　크리스틴　　여동생은 예뻐요?

　사토루　　　네, 예뻐요.

　크리스틴　　여동생이 사토루 씨를 닮았어요?

　사토루　　　아니요, 저는 얼굴이 크지만 동생은 얼굴이 작아요.

[답] 1) ②　　2) ③

2. 사토루 씨와 크리스틴 씨가 가족에 대해 이야기합니다.

크리스틴　사토루 씨는 누구를 닮았어요?

사토루　　아버지를 닮았어요. 아버지께서는 저처럼 키가 작으세요.

크리스틴　어머니는 어떠세요?

사토루　　어머니는 키가 크세요.

크리스틴　여동생은 누구를 닮았어요?

사토루　　어머니를 닮았어요. 키가 크고 얼굴이 예뻐요.

[답] 1) ①　　2) ① ×　② ×　③ ○

제3과 주문

1. 잘 듣고 따라해 보세요.

1) 불고기를 먹읍시다.

2) 같이 이야기합시다.

3) 문을 닫읍시다.

4) 가: 오전에 만날까요?

나: 아니요, 오후에 만납시다.

2. 잘 듣고 써 보세요.

1) 가: 맥주를 마실까요?

나: 좋아요. 맥주를 <u>마십시다.</u>　　　　　　　　[답] 마십시다.

2) 가: 주말에 산에 갈까요?

나: 네, <u>산에 갑시다.</u>　　　　　　　　[답] 산에 갑시다.

1. 잘 듣고 맞는 것에 ✓하세요.

가 뭘 드시겠습니까?

나 피자 한 판 주세요.

가 음료수는 무엇을 드릴까요?

나 콜라 한 잔과 사이다 한 잔 주세요.

가 여기서 드시겠습니까?

나 네, 여기서 먹을 거예요.

[답] 1) ①   2) ②   3) ③

제4과 교통수단

1. 잘 듣고 따라해 보세요.

1) 몇 호선을 타야 합니까?

2) 아파트 몇 호에 삽니까?

3) 몇 해 전에 왔습니까?

4) 가: 기숙사 몇 호에 살아요?

나: 203호에 살아요.

2. 잘 듣고 써 보세요.

1) 가: 신촌에 가고 싶은데 <u>몇 호선을</u> 타야 합니까?   [답] 몇 호선을

나: <u>2호선을</u> 타야 합니다.   2호선을

2) 가: 한국에 <u>몇 해</u> 전에 왔습니까?   [답] 몇 해

나: 2년 전에 왔습니다.

1. 잘 듣고 맞는 것에 ✔ 해 보세요.

가   스티브 씨! 이번 방학에 무엇을 해요?

나   이번 방학에 설악산에 가요.

가   설악산이 어디에 있어요?

나   강원도에 있어요. 겨울에는 스키도 탈 수 있고 여름에는 수영도 할 수 있어요.

가   그래요? 좋겠어요.

[답] 1) ②   2) ①, ②

제5과 약속

사유리 씨와 김성민 씨의 대화입니다.

김성민   사유리 씨, 어디에 가세요?

사유리   돈을 찾으러 은행에 가요. 성민 씨는요?

김성민   저는 도서관에 가요.

사유리   왜요?

김성민   책을 보러 도서관에 가요.

[답] 1. (3)   2. (3)   3. (1)   4. (1)

1. 잘 듣고 따라해 보세요.

1) 계획이 없어요.

2) 학생증이 없으면 못 들어가요.

3) 값이 얼마예요?

4) 값을 깎아 주세요.

5) 가: 방학에 계획이 있어요?

　　나: 아니요, 아직 없어요.

2. 잘 듣고 써 보세요.

    1) 가: 주말에 계획이 있어요?

      나: 아니요. 아직 <u>없어요.</u>   [답] 없어요.

    2) 가: 이 옷은 <u>값이</u> 얼마예요?   [답] 값이

      나: 5천 원이에요.

    3) 가: <u>값을</u> 깎아 주세요.   [답] 값을

      나: 죄송합니다. 안 됩니다.

1. 소라 씨와 스티브 씨의 대화입니다.

이소라	스티브 씨! 오후에 시간 있으세요?
스티브	네, 왜요?
이소라	오후에 친구를 만나러 가요. 저와 같이 갈래요?
스티브	어떤 친구예요?
이소라	고등학교 친구예요. 미국에 관심이 많아요.
스티브	그래요? 그럼, 같이 가요.

[답] 1) ②　　2) ②　　3) 네

2. 김성민 씨가 음성 메시지를 남깁니다.

안녕하세요? 사유리 씨! 저 김성민이에요.

이번 주 일요일 저녁에 시간이 있으세요?

한국 전통 음악 콘서트 표가 두 장 있는데 같이 갈래요?

그럼 이따가 전화해 주세요.

[답] 1) ①　　2) ①　　3) ②

제6과 계획

1. 잘 듣고 따라해 보세요.

   1) 1년 전에 왔어요.

   2) 7년 동안 만났어요.

   3) 8년 동안 배웠어요.

2. 잘 듣고 써 보세요.

   1) 가: 언제 한국에 처음 왔어요?

      나: <u>1년</u> 전에 처음 왔어요.   [답] 1년

   2) 가: 얼마 동안 한국에서 살았어요?

      나: <u>8년</u> 동안 한국에서 살았어요.   [답] 8년

1. 다음 두 사람의 대화를 잘 듣고 맞는 것에 ✔하세요.

   김성민   소라 씨, 주말에 시간이 있어요? 같이 영화를 봅시다.

   소라   미안해요. 주말에 친구와 같이 제주도에 갈 거예요.

   김성민   그래요? 그럼 언제 시간이 있어요?

   소라   다음 주 목요일이 괜찮아요.

   김성민   좋아요. 다음 주 목요일에 영화를 봅시다.

   [답] 1) ③   2) ③

2. 다음 두 사람의 대화를 잘 듣고 맞는 것에 ✔해 보세요.

   직원   네, 혜화 한정식입니다.

   사토루   여보세요? 저, 예약을 하려고 하는데요.

   직원   네, 언제 하실 거예요?

   사토루   이번 토요일 점심에 갈 거예요.

직원　　토요일 점심요? 몇 분이 오실 거예요?

사토루　모두 5명입니다.

직원　　이번 주 토요일 점심에 다섯 분이요? 성함이 어떻게 되십니까?

사토루　사토루입니다.

직원　　네, 알겠습니다.

[답] 1) ②　　2) ③　　3) ③

3. 두 사람의 대화를 잘 듣고 맞는 것에 ✔해 보세요.

크리스틴　여보세요? 스티브 씨. 저 크리스틴이에요.

스티브　　아, 크리스틴 씨 어디예요?

크리스틴　지금 혜화역에 내렸어요.

스티브　　그럼, 3번 출구로 나와서 약국 쪽으로 오세요.

크리스틴　네, 알았어요.

[답] ③

제7과 부탁

1. 잘 듣고 따라해 보세요.

　　1) 저에게 부탁하세요.

　　2) 생일 축하합니다.

　　3) 가: 시간이 있으면 저에게 연락해 주세요.

　　　　나: 네, 알겠습니다.

2. 잘 듣고 써 보세요.

　　1) 가: 비행기가 몇 시에 <u>도착합니까</u>?　　　　　　　[답] 도착합니까?

나: 5시쯤에 <u>도착할</u> 거예요.　　　　　　　[답] 도착할

2) 가: 생신 <u>축하합니다.</u>　　　　　　　　　[답] 축하합니다.

　　나: 와 주셔서 감사합니다.

1. 잘 듣고 맞는 것에 ✔해 보세요.

점원　　어서 오십시오. 무엇을 드릴까요?

스티브　햄버거 하나하고 감자 튀김 하나 주세요.

점원　　손님, 햄버거 세트로 하시면 콜라도 나오는데요.

스티브　햄버거 세트는 얼마예요?

점원　　따로 하시면 3,200원이고 세트로 하시면 3,500원이에요.

스티브　그러면 햄버거 세트로 주세요.

점원　　네, 알겠습니다.

[답] 1) ③　　2) ②

2. 잘 듣고 맞는 것에 ✔해 보세요.

주인　　어서 오세요. 뭘 찾으세요?

스티브　한국어 책을 사려고 하는데요.

주인　　한국어를 잘하시네요. 어느 나라에서 오셨어요?

스티브　캐나다에서 왔어요.

주인　　이 책은 어때요?

스티브　이 책은 영어 설명이 있어요?

주인　　영어 설명은 없지만 쉽게 공부할 수 있어요.

스티브　얼마예요?

주인　　12,000원이에요. 테이프도 있는데, 테이프도 같이 사세요.

스티브　테이프는 얼마예요?

주인　　8,000원이에요.

[답] 1) ②　　2) ①　　3) ③

3. 잘 듣고 맞는 것에 ✔해 보세요.

주인　제일 슈퍼마켓입니다.

손님　여기 제일 아파트 506동 405호예요. 배달 좀 해 주세요.

주인　네, 알겠습니다. 무엇을 배달해 드릴까요?

손님　쌀 4킬로그램하고 수박 한 통을 배달해 주세요.

주인　수박이 10,000원짜리하고 15,000원짜리가 있는데요.

손님　10,000원짜리를 배달해 주세요.

주인　모두 32,000원입니다.

손님　언제 배달해 주실 거예요?

주인　1시간 후에 가겠습니다.

[답] 1) ③　　2) ②

제8과 규칙

1. 잘 듣고 따라해 보세요.

1) 편지를 받았는데요.

2) 수업이 끝났는데요.

3) 가방을 잃어버렸는데요.

4) 가: 크리스틴 씨, 친구 만났어요?

　　나: 친구를 한 시간이나 기다렸는데 안 왔어요.

2. 잘 듣고 써 보세요.

1) 가: 어제 친구를 잘 만났어요?

나: 제가 급한 일이 있어서 못 <u>만났는데요.</u>　　　　　[답] 만났는데요.

　2) 가: 친구와 만나서 무엇을 했어요?

　　나: 친구와 노래방에 <u>갔는데</u> 재미있었어요.　　　　　[답] 갔는데

1. 잘 듣고 맞는 것에 ✔해 보세요.

이소라　야오밍 씨, 왜 지금 와요? 무슨 일 있었어요?

야오밍　미안해요. 많이 기다렸어요?

이소라　6시부터 1시간을 기다렸어요.

야오밍　정말 미안해요. 회사에서 일이 많았어요. 그리고 길도 막혔어요.

이소라　왜 전화 안 했어요?

야오밍　오늘 제가 휴대전화를 안 가지고 왔어요.

이소라　그랬어요?

[답] 1) ①　　2) ②, ③　　3) ②

2. 하숙집 주인과 학생의 대화입니다. 잘 듣고 맞는 것에 ✔해 보세요.

사토루　　안녕하세요? 아까 전화한 일본 학생인데요.

아주머니　네, 들어와요.

사토루　　방 좀 보여 주세요.

아주머니　따라 오세요. 이 방이에요. 보세요.

사토루　　그런데 몇 가지 물어보고 싶은데요. 강아지와 같이 살아도 됩니까?

아주머니　그것은 안 돼요. 시끄러우니까 데리고 오지 마세요.

사토루　　그리고 식사 시간에 조금 늦어도 됩니까?

아주머니　늦으면 식사할 수 없으니까 늦지 마세요.

사토루　　늦게 들어와도 됩니까?

아주머니　네, 조금 늦어도 괜찮아요.

[답] 1) ①, ③　　2) ②

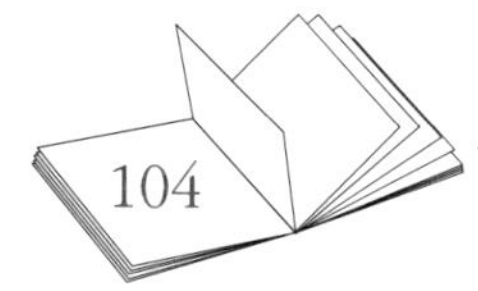

제9과 차이

1. 잘 듣고 따라해 보세요.

   1) 지하철이 편리해요.

   2) 교실에서 담배를 피우면 곤란해요.

   3) 경주는 신라의 수도예요.

   4) 가: 이 반은 학생이 몇 명이에요?

      나: 열네 명이에요.

2. 잘 듣고 써 보세요.

   1) 가: 한국에 언제 왔어요?

      나: <u>일년</u> 전에 왔어요.   [답] 일년

   2) 가: 왜 지하철을 타요?

      나: 지하철이 <u>편리해요.</u>   [답] 편리해요.

1. 잘 듣고 맞는 것에 ✔해 보세요.

   소라   스티브 씨, 이번 토요일에 우리 집에 올 수 있어요?

   스티브   왜요?

   소라   토요일에 제 생일 파티를 할 거예요.

   스티브   몇 시예요? 오전에는 아르바이트가 있어서 갈 수 없어요.

   소라   오후 6시예요.

   스티브   그러면 갈 수 있어요. 집이 어디예요?

   소라   혜화역 근처에 있어요.

            우리 집 근처가 복잡하니까 혜화역에서 전화하세요.

   스티브   알았어요.

   [답] 1) 있다   2) 없다

2. 잘 듣고 맞는 것에 ✔하세요.

1) 마시는 것에 ○, 안 마시는 것에 × 하세요.

스티브 씨는 우유를 좋아합니다.

식사 시간에도 물을 안 마시고 우유를 마십니다.

그렇지만 술은 못 마십니다.

사토루 씨는 커피를 좋아합니다.

그래서 학교 앞 커피숍에서 자주 커피를 마십니다.

그렇지만 우유는 싫어하고 주스도 안 마십니다.

2) 수미 씨가 안 마시는 것에 ○, 못 마시는 것에 × 하세요.

수미 씨는 아침에 주스나 우유를 안 마십니다. 물만 마십니다.

그리고 요즘 건강이 안 좋아서 술을 못 마십니다.

[답] 1) 스티브: 맥주 ×, 생수 ×, 우유 ○

　　　사토루: 커피 ○, 주스 ×, 우유 ×

　　2) 주스 ○, 맥주 ×, 우유 ○

제10과　취향

1. 잘 듣고 따라해 보세요.

1) 우리 반에는 재미있는 사람이 많아요.

2) 수업이 끝났습니다.

3) 옷만 빌려 주세요.

4) 가: 찾는 것이 있으세요?

　　나: 그냥 구경 좀 하려고요.

2. 잘 듣고 써 보세요.

    1) 가: 생일 선물로 꽃과 무엇을 살 거예요?

       나: <u>꽃만</u> 사려고 해요.   [답] 꽃만

    2) 가: 어떤 사람을 좋아하십니까?

       나: <u>재미있는</u> 사람을 좋아합니다.   [답] 재미있는

▷ 잘 듣고 맞는 것에 ✔해 보세요.

스티브   저, 실례합니다. 사토루 씨가 어느 분입니까?

소라   사토루 씨요? 무슨 일이세요?

스티브   이 수첩이 화장실에 있었습니다.

소라   아, 그렇습니까?

          저기 선글라스 낀 여자분과 이야기하는 남자가 사토루 씨입니다.

스티브   네, 알겠습니다. 감사합니다.

[답] 1) ③   2) ④   3) ③

Lesson 1

15쪽

Sayuri	Hello?
Steve	Hello, is this Ms. Kim's house?
Sayuri	No, what number were you dialing?
Steve	This isn't 760-1345?
Sayuri	No, it's not. This is 760-1435.
Steve	Sorry.

17쪽

Keiko	Hello? Is Mr. Pak there?
Pak Jin-soo	Yes, this is he.
Keiko	Mr. Pak! It's Keiko.
Pak Jin-soo	Oh, why are you calling?
Keiko	I can't come to class tomorrow.
Pak Jin-soo	Why?
Keiko	My mother's coming.
Pak Jin-soo	Are you going to meet her at the airport?
Keiko	Yeah.
Pak Jin-soo	Okay. Have a good time. See you when you get back.

Lesson 2

23쪽

Sayuri	Seong-min, are you going to meet Yao Ming this afternoon?
Kim Seong-min	Yeah, who told you?

	Sayuri	Steve said so.
	Kim Seong-min	Let's go together.
	Sayuri	Where are you going to meet him?
	Kim Seong-min	At the main gate.

26쪽

	Kim Seong-min	Sally, do you have any younger brothers or sisters?
	Sally	Yeah, I have both a younger brother and sister.
	Kim Seong-min	Does your younger sister look like you?
	Sally	No, my sister's tall.
		Do you have any younger brothers or sisters?
	Kim Seong-min	Yeah, but only a younger brother.

Lesson 3

32쪽

	Employee	Welcome, please come in. Please have a seat over here.
	Kim Seong-min	What should we eat?
	Christine	How about bul-go-gi?
	Kim Seong-min	Okay. Let's eat that.
		What kind of alcohol should we drink?
	Sora	How about soju?
	Christine	No, I can't drink that.
	Kim Seong-min	Then let's drink beer.

34쪽

	Yao Ming	Hello? Is this a Chinese restaurant?
	Ajumoni	Yes, that's right.
	Yao Ming	I'd like a plate of ja jang myeon.
	Ajumoni	Where are you calling from?
	Yao Ming	Jongno-gu, Myeong-nyun Dong, house number 76.
	Ajumoni	That's by Sungkyunkwan University's back gate, right?
	Yao Ming	Yes. Could you please hurry? I'm hungry.
	Ajumoni	Yes, I see.

Lesson 4

Steve   Sora, how do I get to Seoul's city hall?

Yi Sora   By the subway. It's really quick.

Steve   Which line do I have to take?

Yi Sora   Line number one.

Since Hye Hwa is line four, you'll have to transfer at Dong Dae Mun.

Steve   Which bus would I have to take?

Yi Sora   The 260 bus.

Even though you don't have to transfer, it takes a long time.

Kim Seong-min   May, are you going on a trip tomorrow?

May   Yeah, I'm going to Seorak Mountain.

What do I have to do to get ready?

Kim Seong-min   First, you have to reserve a train ticket.

May   And what else?

Kim Seong-min   You have to figure out where you want to stay and make a reservation.

May   Do I have to go to a travel agent?

Kim Seong-min   No, you can make your reservations on the Internet.

Lesson 5

James   Sora, what are you going to do tomorrow?

Yi Sora   I haven't decided yet. Why?

James   Do you want to go with me to go buy books?

Yi Sora   Okay. Where should we meet?

James   Do you know the Kyobo Bookstore?

Yi Sora   Yeah, I know it.

James   Then, let's meet in front of the building.

Christine	May, do you have any free time on Saturday?
May	Yeah.
Christine	If you have some time, then why don't we go shopping?
May	Okay. Where would be a good place to meet?
Christine	Let's meet at one p.m. at the main gate.
May	Okay. If something comes up, I'll call.
Christine	Okay, then, see you on Saturday.

Lesson 6

Official	Why did you come to Korea?
Christine	To study.
Official	Where are you studying Korean?
Christine	At Sungkyunkwan University.
Official	Where are you living?
Christine	At a hostel near school.
Official	For how long are you going to study Korean?
Christine	For a year.
Official	Until when will you be in Korea?
Christine	Until next August.
Official	Here's your passport. Goodbye.

Seong-min	Steve, do you have any free time this Saturday?
Steve	Why?
Seong-min	This Saturday is my birthday. I'm having a party. You should come over.
Steve	Really? Okay. But you live a long ways away. How do I get there?
Seong-min	First, take the subway, line three, to Anguk Station. Then, from there take the number 5 local bus until you'll see a drug store. Get off there. Then you'll see the Mirae Apartments.

Steve   Okay. If I get lost, I'll call.

Lesson 7

Seong-min   Christine, What's wrong your arm?
Christine   I hurt my arm yesterday.
Seong-min   Really? Then can you carry your bag?
Christine   It's a little hard. I'm sorry, could you please carry it?
Seong-min   Sure.
Christine   Thanks, really, for helping.
Seong-min   It's nothing. Ask for help whenever you like.

Employee   Welcome, please come in. What are you looking for?
Keiko   I want to buy a shirt.
Employee   How about this one?
Keiko   I like its style but not its color. How much is that one?
Employee   45,000 won.
Keiko   It's a little expensive. Please give me a little discount.
Employee   Sorry. At a department store, we can't do that.
Keiko   Really? Well, wrap it, please.
            Because it's a birthday gift.

Lesson 8

Christine   Ji-yeon, do you have any free time?
Ji-yeon   Yeah, why?
Christine   I got an invitation to go over to a Korean person's house.
            It'll be the first time for me. What should I do? Please tell me.
Ji-yeon   Don't worry. First of all, don't wear your shoes inside.
            You'll have to take them off.

Christine   Okay. How about eating?

Ji-yeon   Don't eat before people older than you.

If they eat, then you can go ahead.

Christine   Okay, thanks, Ji-yeon, for the tips.

72쪽

Teacher   Steve, why are you late?

Steve   I'm sorry, seon-seng nim.

Teacher   Is anything wrong?

Steve   No, I went to sleep at two last night and slept late.

Teacher   Really? From tomorrow, please don't be late.

Steve   Yes, I see.

Lesson 9

77쪽

Sora   Satoru, where's your hometown?

Satoru   It's Osaka, in Japan.

Sora   What's Osaka like? Are there lots of people?

Satoru   There are a lot of people in Osaka.

Sora   How about prices?

Satoru   Osaka's more expensive than Seoul.

79쪽

Christine   Sora, do you have any time this Saturday?

Sora   Why?

Christine   It's my birthday this Saturday.

Sora   Really? Congratulations!

Christine   Thanks. Anyway, can you come to my party?

Sora   Sorry, but because I have to work, I can't go.

Christine   That's too bad, but I understand.

Lesson 10

<table>
<tr><td>84쪽</td><td>

Sora   Christine, what kind of guys do you like?

</td></tr>
</table>

84쪽

Sora   Christine, what kind of guys do you like?

Christine Why?

Sora   I'd introduce you to one of my friends.

Christine I like guys who are funny.

Sora   Really? I have a friend who's funny.

Christine Really? Then I'd like to meet him. Introduce me to him, please.

Sora   When are you free?

Christine I have some time this weekend.

Sora   Really? Okay, then I'll call my friend today.

87쪽

Steve   This weekend I'm going to go see a movie. Do you want to go, too?

Sora   Okay, but what kind of movies do you like?

Steve   I like comedies. What about you?

Sora   I like dramas.

Steve   Okay, then what movie shall we watch?
           How about "Christmas in June"?

Sora   Okay, what time does it play?

Steve   At nine, eleven, one, and three.

Sora   Then, why don't we go to the one o'clock showing?

Steve   Okay. When should we meet?

Sora   Let's meet at twelve at Hye Hwa Station.

Steve   Okay, see you then.

박성태
현 성균관대학교 성균어학원 선임 강사
성균관대학교 국어국문학과 문학박사
산동대학교 초빙 교수 역임
『배우기 쉬운 한국어』 집필
『말하기 쉬운 한국어』 책임 기획 · 연구

이금희
현 성균관대학교 성균어학원 강사
성균관대학교 국어국문학과 국어학 박사 과정 수료
전 국립국어연구원『표준국어대사전』 편수원
『배우기 쉬운 한국어』 집필
『말하기 쉬운 한국어』 책임 기획 · 연구
『말하기 쉬운 한국어 2』 집필

정미지
현 성균관대학교 성균어학원 강사
이화여자대학교 교육대학원 한국어교육 석사
전 가나다 한국어학원 한국어 강사
전 이화여자대학교 언어교육원 한국어 강사
『말하기 쉬운 한국어 2』 집필

유하라
현 성균관대학교 성균어학원 강사
현 상지대학교 강사
성균관대학교 국어국문학과 국어학 박사 과정 수료
전 국립국어연구원 어문규정 분석요원
『배우기 쉬운 한국어』 책임 교열 · 교정
『말하기 쉬운 한국어』 책임 교열 · 교정

김보경
현 성균관대학교 성균어학원 강사
현 상명대학교 한국학과 박사 과정
전 우즈베키스탄 국립리자미사범대학교 한국어 강사
전 21세기 세종 계획 외래어 분과 보조 연구원
전 아주대학교 한국어 강사
『말하기 쉬운 한국어』 교열 · 교정

일러스트 조형석
성균관대학교 국어국문학과 졸업
시사 만화와 출판 일러스트 작업